関東周辺の山

西田省三［著］

ブルーガイド

Great Mountain Climbs

爽やかな夏の朝を迎えた（丹沢）

鮮やかな花が山に彩りを添える（赤城山）

稜線からはいつも富士山が見えていた（瑞牆山）

どこまでも平らに続く関東平野を見下ろす（筑波山）

ブルーガイド
山旅ルートガイド

関東周辺の山

もくじ

●本書に記載した交通機関、宿泊施設、水場とトイレその他のデータについては、2015年7月現在のものを使用しています。これらは変更される場合がありますので、事前に問い合わせるなど十分調査してからお出かけください。

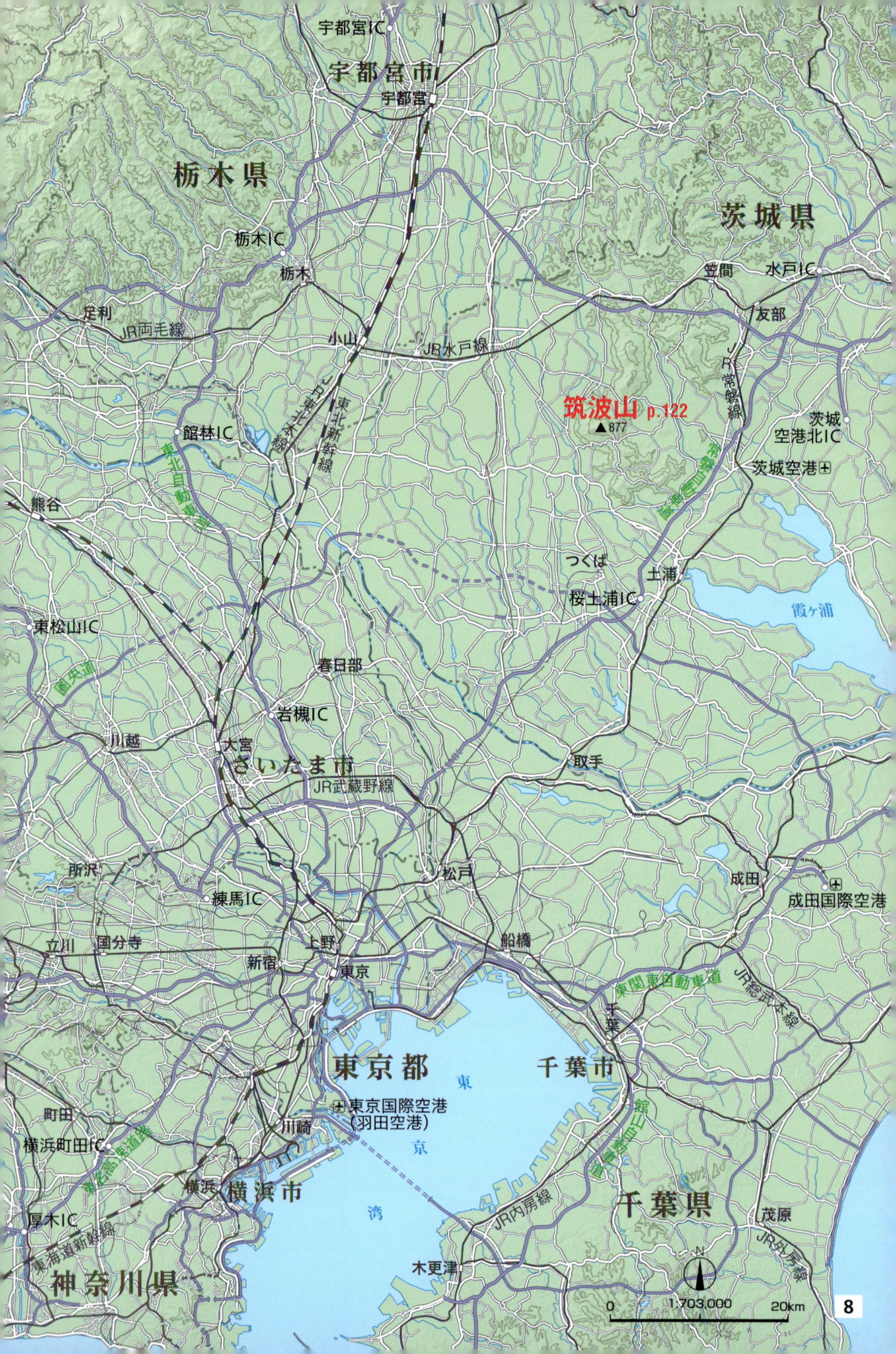
宇都宮IC
宇都宮市
宇都宮
栃木県
茨城県
栃木IC
栃木
笠間
水戸IC
友部
足利
JR両毛線
小山
JR水戸線
JR東北本線
東北新幹線
JR常磐線
筑波山 p.122
▲877
茨城空港北IC
茨城空港
館林IC
東北自動車道
常磐自動車道
熊谷
つくば
土浦
桜土浦IC
霞ヶ浦
東松山IC
圏央道
春日部
岩槻IC
川越
大宮
さいたま市
JR武蔵野線
取手
所沢
松戸
成田
成田国際空港
練馬IC
立川
国分寺
上野
船橋
新宿
東京
東関東自動車道
JR総武本線
千葉
東京都
千葉市
東京国際空港
（羽田空港）
町田
川崎
館山自動車道
横浜町田IC
東名高速道路
横浜
横浜市
東
京
湾
厚木IC
JR内房線
千葉県
茂原
東海道新幹線
JR外房線
木更津
神奈川県
N
0
1:703,000
20km

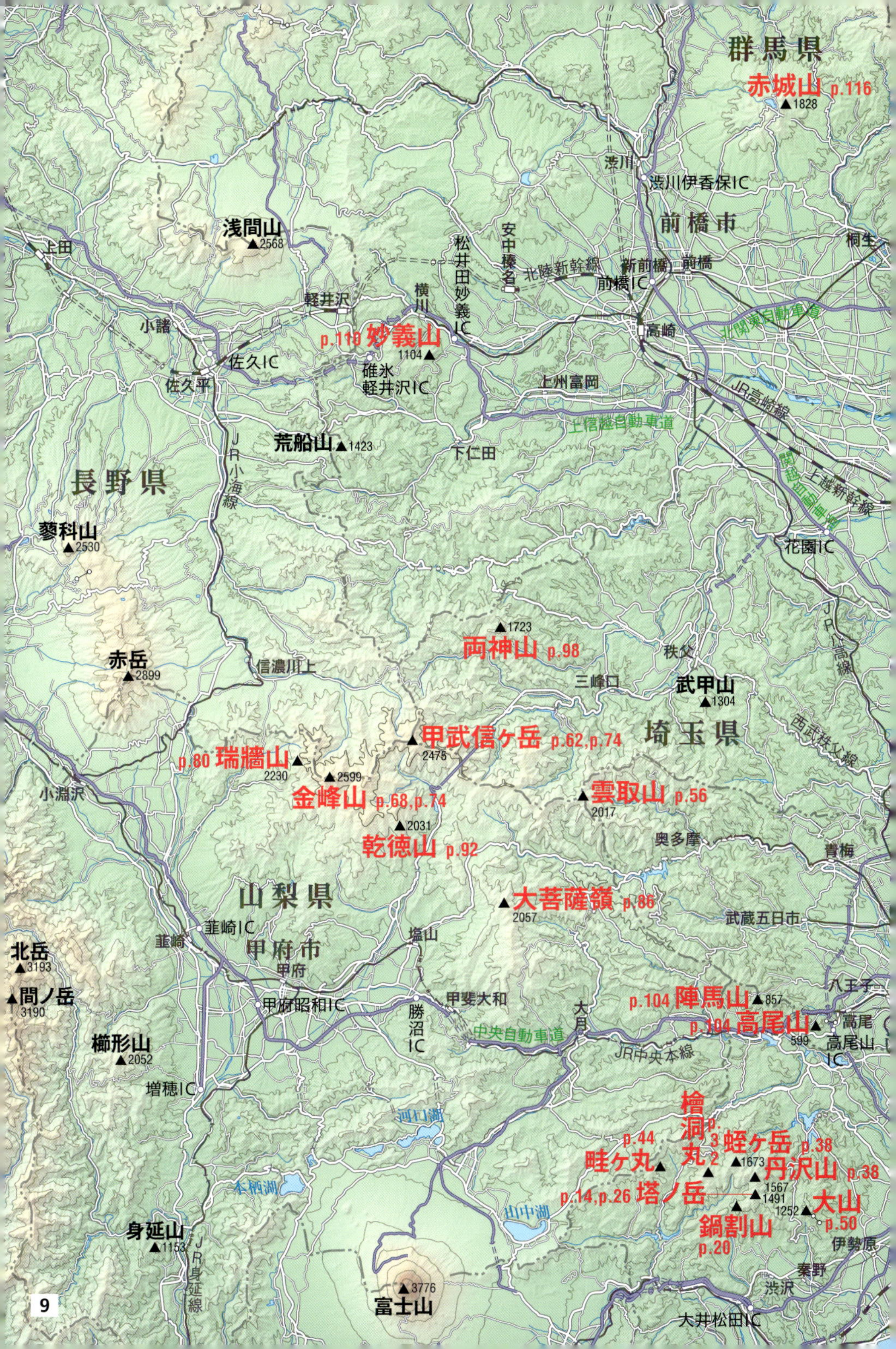
群馬県
赤城山 p.116
1828
渋川
渋川伊香保IC
前橋市
桐生
安中榛名
北陸新幹線
新前橋
前橋
前橋IC
高崎
北関東自動車道
松井田妙義IC
横川
浅間山
2568
上田
軽井沢
小諸
佐久IC
佐久平
p.110 妙義山
1104
碓氷軽井沢IC
上州富岡
JR高崎線
上信越自動車道
荒船山
1423
下仁田
JR小海線
長野県
蓼科山
2530
関越自動車道
上越新幹線
花園IC
JR八高線
1723
両神山 p.98
秩父
三峰口
武甲山
1304
赤岳
2899
信濃川上
甲武信ヶ岳 p.62,p.74
2475
埼玉県
西武秩父線
p.80 瑞牆山
2230
2599
金峰山 p.68,p.74
雲取山 p.56
2017
小淵沢
2031
乾徳山 p.92
奥多摩
青梅
山梨県
大菩薩嶺 p.86
2057
武蔵五日市
韮崎IC
韮崎
甲府市
甲府
塩山
北岳
3193
間ノ岳
3190
甲府昭和IC
甲斐大和
八王子
p.104 陣馬山
857
p.104 高尾山
599
高尾
高尾山IC
勝沼IC
大月
中央自動車道
JR中央本線
櫛形山
2052
増穂IC
河口湖
檜洞丸 p.32
p.44
畦ヶ丸
蛭ヶ岳 p.38
1673
丹沢山 p.38
1567
p.14,p.26 塔ノ岳
1491
1252
大山
p.50
鍋割山
p.20
伊勢原
本栖湖
山中湖
身延山
1153
JR身延線
3776
富士山
秦野
渋沢
大井松田IC

関東周辺の山の概要

関東周辺の山

本書では関東周辺の山として、都心から程近い丹沢《たんざわ》エリアの山々と、八《やつ》ヶ岳《たけ》以東で中央本線北部に広がる奥秩父《おくちちぶ》の山々を中心に、多くのハイカーに親しまれている東京都の高尾山《たかおさん》・陣馬山《じんばさん》、群馬県西部に位置する妙義山《みょうぎさん》、群馬県中央部の赤《あか》城山《ぎさん》と茨城県の筑波山《つくばさん》の４座を加えた全19ルートを紹介している。標高差のあるコースや縦走コースを除き、多くは日帰りで楽しめる山だ。アルプスなどに比べれば標高こそ低いが、どの山も個性的で、すばらしい展望や魅力をもっている。

登山適期は、本書で紹介する多くの山が真夏は蒸し暑いため、５月連休ごろから初夏にかけてと、紅葉が美しい10月中旬から11月中旬がいちばんおすすめだ。冬になると奥秩父エリア、妙義山、赤城山は日本海側の影響を受けて積雪が多く、夏道の登山には向かない。丹沢や高尾山・陣馬山は年末までは雪が少ないので夏道の登山が可能だが、２月にはそこそこ降雪があるため、３〜４月ごろからがよいだろう。筑波山は降雪もあるがごく少ないので、空気が澄んで展望のよい冬もおすすめできる。

どの山も都心からのアクセスがよい。一部の縦走コース、標高差や歩行距離のあるコースは山中に１泊することになるが、おおよそのコースで公共交通機関を利用して朝から歩き始めれば、無理なく日帰りで登山できる。

丹沢の山

丹沢とは神奈川県北西部に広がる山域で、東西約40㎞、南北約20㎞に及ぶエリアを指す。最高峰は標高１６７８ｍの蛭《ひる》ヶ岳《たけ》。標高はあまり高くない山域だが、多くの登山口が標高３００ｍ〜５００ｍにあるため、登山口からの標高差があって歩き甲斐のあるコースばかりだ。また、生い立ちが古くない山なので現在でも浸食が進み、深い谷と沢で複雑な地形をしている。

丹沢という大きな山域は、主稜にあたる塔《とう》ノ岳《だけ》から丹沢山、蛭ヶ岳を基準に、東側を東丹沢、西側を西丹沢、南側を表丹沢、北側を裏丹沢と、大まかにエリア分けされている。東は大山《おおやま》から表尾根を通じて塔ノ岳に続き、西は蛭ヶ岳から檜《ひのき》

大山イタツミ尾根から望む丹沢山塊と富士山

洞丸《ぼらまる》、大室山《おおむろやま》へと続く。主稜の一部である甲相国境尾根は、大室山から畦《あぜ》ヶ丸《まる》近くを通り、山中湖南東の三国山《みくにやま》まで延びている。稜線や尾根が東西南北に延びているため、丹沢の山を歩き通すというよりも、各エリアにまとまったコースを登るのが一般的だ。

植生は標高1000mを超えるとブナが多く見られ、美しい新緑や紅葉を楽しむことができる。華やかな高山植物は少ないが、トウゴクミツバツツジやシロヤシオ（ゴヨウツツジ）が有名であり、春はツツジを目当てに多くの登山者が入山する。

ここでは丹沢の中でも人気のある塔ノ岳や鍋割山《なべわりやま》、短い縦走が楽しめる表尾根、ツツジで有名な檜洞丸と畦ヶ丸、最高峰の蛭ヶ岳、信仰登山の大山を扱っている。まずは登山者が多く歩きやすい山に登り丹沢の地形に慣れ親しんでから、主稜縦走などに範囲を広げていくとよいだろう。

瑞牆山山頂から金峰山方面の山並み

奥秩父の山

広義でいう奥秩父は、長野県野辺山《のべやま》の飯盛山《いいもりやま》を西端とし、東京都最高峰の雲取《くもとり》山《やま》まで続く稜線に加え、南の大菩薩《だいぼさつ》連嶺、北の両神山《りょうかみさん》付近を含めた関東山地の一部の山域を指す。一般的に奥秩父主脈は、西は小川山《おがわやま》から東は雲取山までの稜線のことをいう。1都3県にまたがった山域は広く、最高峰2601mの北奥千丈岳《きたおくせんじょうだけ》を筆頭に2000m級の山々が連なっている。

奥秩父の特徴は、日本アルプスの山々のような派手さはないが、豊かな森林が広がり、穏やかな山容の山が多いことだ。金峰山《きんぷさん》の頂稜こそ森林限界を超えているが、その他はほぼ樹林に囲まれた山である。そのために高山植物は少ないが、シャクナゲやツツジが樹林を彩り、春から初夏にかけて登山者の目を楽しませてくれる。また、岩稜帯が少なく、高度な岩登りの技術を必要としない初心者向けコースが多いのもうれしい。

本書では奥秩父主脈の山々からは、奥多摩との境界でもある雲取山、三国境の甲武信《こぶし》ヶ岳《たけ》、奥秩父の盟主ともいわれる金峰山、花崗岩の岩峰が特徴の瑞牆山《みずがきやま》を取り上げた。また、奥秩父山塊の南に位置する大菩薩嶺、主脈から派生する日帰り低山の乾徳山《けんとくさん》、北端に位置する両神山も紹介している。どの山も人気があってよく登られており、乾徳山を除いた六峰が日本百名山に選ばれている。

東京近郊からのアクセスはよく、多くの山で日帰りの登山が可能だ。歩行距離が長い雲取山、登山口から標高差のある甲武信ヶ岳などは日帰りが厳しいが、ともにしっかりした営業小屋があるので安心して登山を楽しめるだろう。

本書の使い方

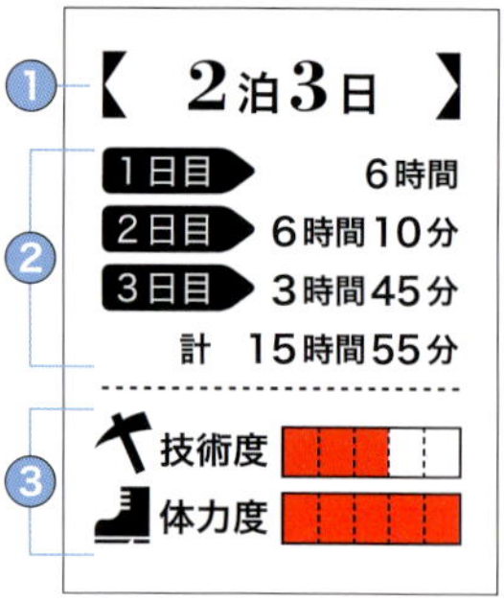

①日程はコース中の山小屋および、登山口の山小屋に宿泊した際の、標準的な日程を紹介しています。

②1日ごとのコースタイム合計

③技術度と体力度はそれぞれ5段階で表示しています。体力度は、コースタイムを基準に、日程の長さや、岩場の歩行時間などを加味して調整しています。

技術度1＝整備された遊歩道や散策道を安全に歩ける
2＝指導標のある登山道を安全に歩ける
3＝歩きやすい岩場やザレ場を歩ける
4＝岩場やクサリ場、ハシゴを歩くための経験と技術がある
5＝長時間、歩行困難な岩場を歩く技術がある

体力度1＝コースタイムが3時間ほど
2＝コースタイムが3～6時間ほど
3＝コースタイムが6～8時間ほど
4＝コースタイムが8時間以上
5＝コースタイムが10時間以上

④日程ごとのコースタイムを、コースの所要ポイントで区切って紹介しています。また、ほかのページで紹介しているコース部分は、参照ページを記しています。

⑤解説コースを表した高低図です。縦軸は標高、横軸は水平距離を表しています。コース内での相対的な起伏を表現しているため、図中の傾斜の角度は実際の傾斜とは一致しません。

⑥解説コースの概要を示した本文です。

⑦コースの大まかな日程や見どころ、登山口・下山口の情報をまとめています。

⑧登山計画を立てるときに役立つ情報や、計画の組み立て方、コース上の注意点などを記しています。

⑨絶景ポイントは解説コース中、美しい景色が見られるポイントやおすすめの休憩スポットなどを紹介しています。

⑩国土地理院発行の2万5000分の1地形図をもとに作成した解説コースの地図です。地図の周辺に配置した写真は、コースのポイントとなる場所です。データ欄にはアクセスと山小屋情報を記しています。

地図内の記号について

（赤線）	解説するコース
（薄い赤線）	ほかのページで解説しているコース
- - - - -	本書では解説していない、そのほかの登山道
0:00→ ←0:00	コースタイム（時間:分）
1	地図の周りに配置した写真の番号。紫色の文字では、コース中の危険箇所や、ポイントとなる場所などを解説しています。
○	コースタイムを区切る地点
▲	山頂
	営業小屋、シーズン中に管理者が常駐する避難小屋
⌂	避難小屋、無人の山小屋
	キャンプ指定地
水	水場
♀	バス停
Ⓟ	駐車場
WC	トイレ
●	地図で名称を示した地点
―・・―	県境
―・―・―	郡市境、町村境

※そのほかの地図記号は国土地理院発行2万5000分の1地形図に準拠しています。

参考コースタイムについて

参考コースタイムは、無雪期に、30～50才の成人が山小屋に宿泊する際の装備で、歩くことを想定した所要時間です（休憩時間は含みません）。歩く速さには個人差があり、装備の内容や天候などによっても所要時間は異なりますので、あくまで目安としてください。普段の登山から、参考コースタイムと実際の歩行時間を比べて、ゆとりのある登山を計画するよう心がけてください。

関東周辺の山
1

塔ノ岳《とうのだけ》（大倉尾根《おおくらおね》）

丹沢の人気コース・大倉尾根で塔ノ岳へ

大倉バス停～堀山の家～塔ノ岳（往復）

【日帰り】

5時間50分

技術度

体力度

丹沢山側の日高付近から望む塔ノ岳。山頂は展望のよい開けた場所だが、山腹は緑豊かで春にはツツジが多く見られる。

広々とした展望のよい塔ノ岳山頂には尊仏山荘が建つ。富士山の眺めもよく、北側には蛭ヶ岳も望める。

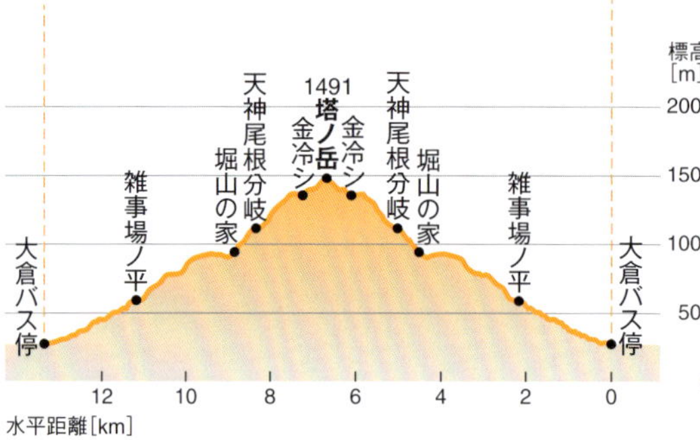

COURSE TIME

大倉バス停（40分）雑事場ノ平（1時間10分）堀山の家（25分）天神尾根分岐（50分）金冷シ（25分）塔ノ岳（15分）金冷シ（35分）天神尾根分岐（15分）堀山の家（50分）雑事場ノ平（25分）大倉バス停

表丹沢《たんざわ》を代表する山、塔《とう》ノ岳《だけ》。登山口の大倉《おおくら》へのアクセスもよく、丹沢の中で最も登られている山といっても過言ではないだろう。

「バカ尾根」の愛称で親しまれる大倉尾根は登り一辺倒、標高差があって登り甲斐があるが、歩きやすい道で初心者にもおすすめできるコースだ。尾根上には、週末の営業が中心であるが、小屋が多く、安心して登山を楽しむことができる。

山頂の展望が魅力で、富士山や南アルプス、眼下に広がる相模《さがみ》湾の海岸と秦野《はだの》や小田原《おだわら》の街が印象的だ。美しい夜景が見られる山としても有名で、山頂の尊仏《そんぶつ》山荘に宿泊して楽しむのもよいだろう。

登山におすすめの時期は新緑やツツジが楽しめる4月から6月初旬と、秋から晩秋にかけての10月、11月だ。特に晩秋の空気が澄んだときの山頂からの展望はすばらしい。例年雪が積もるのは年が明けてからなので、遅くまで登山を楽しめるのも魅力だろう。丹沢の山を楽しむのに、まず登っておきたい山である。

塔ノ岳の**絶景**

眺めは丹沢随一！ 開けた山頂は富士山の絶好の展望台

広い山頂の西側は表丹沢の中でも特に大きく開けている。視界が高い山で邪魔されないために、富士山と御殿場の眺めがすばらしい。

A p.19

泊まるだけの価値あり 首都圏の夜景の大パノラマ

富士山の方角に日が沈んだら首都圏夜景展望の始まり。西は御殿場から南は小田原や秦野、東の大山方面には横浜が見え、さらにその奥の夜景まで。

B p.19

塔ノ岳山頂から南側の景観。秦野と小田原が見え、弧を描く相模湾の海岸線が美しい。天気がよければ伊豆大島も見える。

見晴茶屋を過ぎると勾配がきつくなるが、登山道はよく整備されていて非常に歩きやすい。

PLANNING

大倉バス停から車道を進み、国定公園の大きな標識のある分岐から左手の林道に入る。チップトイレのある観音《かんのん》茶屋を過ぎ、大倉高原山の家の分岐を見送って雑事場《そうじば》ノ平《たいら》に出ると、見晴茶屋まではひと歩きだ。

見晴茶屋から本格的な登りが始まり、駒止《こまどめ》茶屋を過ぎると一旦平らな道となる。堀山《ほりやま》の東側を巻いてから一度下って登り返すと、二俣に下る分岐点でもある堀山の家に到着する。小屋の前は小広く、休憩にちょうどよい場所だ。

戸沢《とざわ》へ下る分岐を過ぎ、しばらく登ると南側の展望が開け、両脇を植生回復のフェンスで囲んだ階段状の道に出る。この急な坂を登り切れば花立《はなたて》山荘の前に出る。

花立山荘からはひと登りで木道が敷かれた花立に出る。馬ノ背と呼ばれるやせ尾根を下って金冷《きんひや》シの分岐まで来ると塔ノ岳はあと少し。よく整備された道を登り、広々とした山頂の塔ノ岳に到着する。

ADVICE

大倉尾根の標高差は約1200m。登り一辺倒で体力を使うので、焦らず登ろう。夏は樹林帯が蒸し暑く、春～初夏や秋の方が歩きやすい。尊仏山荘以外の小屋は主に週末に営業する。

塔ノ岳(大倉尾根)MAP

1

登山口の大倉。バス停の目の前にあるレストハウスの左手の道を進み、しばらく車道を歩く。

2

丹沢大山国定公園の大きな標識のある分岐で左へ進む。ほどなくして車道が終わり、登山道になる。

3

観音茶屋からひと登りで平らな尾根に出ると見晴茶屋が近い。ここを過ぎると本格的な登りが始まる。

4

勾配がゆるい堀山付近の登山道を歩き、堀山の家に出る。小屋の前は広くて休憩に最適だ。

5

樹林を抜けると花立山荘は近い。南側の展望のよい急登を登り切れば山荘の前に出る。

6 富士山や秦野の展望のよい花立山荘。この先の金冷シ分岐はせまいので、ここで最後の休憩を取ろう。

7 花立山荘からひと登りで木道の敷かれた花立に出る。ここでようやく眼前に塔ノ岳が見える。

8 花立から少し下り、馬の背のやせた尾根を通過する。道幅はせまいがしっかり整備されている。

DATA

アクセス

【往復】
小田急電鉄小田原線渋沢駅
↓神奈川中央交通バス　約15分　210円
大倉バス停

神奈川中央交通バス☎0463-81-1803

小屋情報

尊仏山荘☎090-2569-6013

尊仏山荘

関東周辺の山
2

鍋割山《なべわりやま》

初心者にもおすすめの展望コース

大倉バス停～二俣～鍋割山～塔ノ岳～大倉バス停

【 日帰り 】
7時間15分

技術度 ■■□□□
体力度 ■■■□□

ミズヒノ頭から小丸に登る途中で西側の展望が開ける。樹林に覆われたたおやかな山容の鍋割山と富士山が美しい。

鍋割山頂は南側と西側の展望がよい。ゆっくり休憩して景色を楽しみたい。

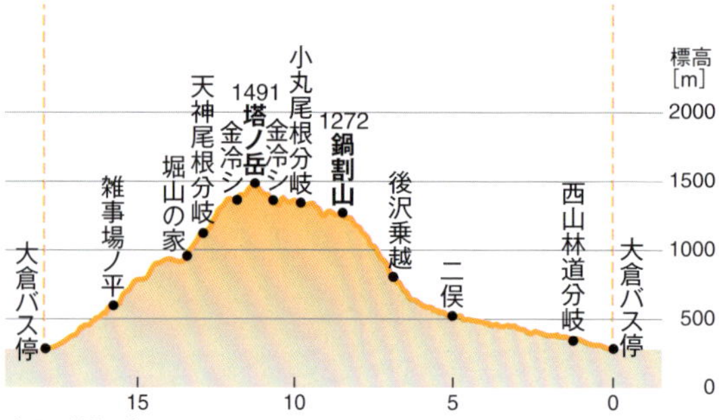

COURSE TIME

大倉バス停（20分）西山林道分岐（1時間5分）二俣（45分）後沢乗越（1時間20分）鍋割山（35分）小丸尾根分岐（25分）金冷シ（25分）塔ノ岳（15分）金冷シ（35分）天神尾根分岐（15分）堀山の家（50分）雑事場ノ平（25分）大倉バス停

鍋《なべ》割山《わりやま》は、塔《とう》ノ岳《だけ》から少し下った金冷《きんひや》シで大倉《おおくら》尾根と分かれる鍋割山稜にそびえる山である。標高は1272m、地味な山容であまり目立たない山だが、山頂の展望は西から南が開け、富士山の眺めがすばらしい。また、二俣からのコースが初心者向きで歩きやすく、週末を中心に人気は高い。

大倉バス停から二俣を経由するコースを往復するのが一般的だが、ここでは鍋割山稜を歩き、塔ノ岳を登って大倉尾根で下山するコースを紹介する。鍋割山で展望を楽しんだら、ぜひ鍋割山稜を歩いてみよう。時折開ける展望はもちろん、小丸《こまる》から大《おお》丸《まる》にかけてのブナ林はなかなか見ごたえがあり、手軽に縦走気分が味わえるおすすめのコースだ。日帰りでも楽しめるが、鍋割山荘や尊仏《そんぶつ》山荘に泊まって山でゆっくり過ごすのもよいだろう。

登山適期は新緑の4月下旬からツツジが見られる6月初旬、紅葉の10月下旬から晩秋にかけて。ブナが多いので、新緑や紅葉が美しい。

鍋割山の絶景

山深い景色を楽しむ 丹沢の最高峰蛭ヶ岳の展望ポイント

鍋割山とすぐ隣のミズヒノ頭の間では北側の樹林が少し開け、丹沢山地の最高峰蛭ヶ岳の展望がよい。左のピークが蛭ヶ岳。

A p.25

相模湾と街を見下ろす展望台 小丸尾根分岐

樹林帯なので気にしなければあっさりと過ぎてしまう小丸尾根分岐だが、尾根に出てみると南側が開け、開放感のある景色が楽しめる。

B p.25

後沢乗越からはなかなか厳しい急登。時折平らなところもあり、道はよく整備され歩きやすい。

開けた山頂の西側では富士山を望むことができる。樹林に囲まれた山でありながら、展望がよいのがこの山の魅力。

PLANNING

大倉尾根へは向かわず、大倉バス停向かいの食堂・大倉屋の横の道を入り、西山林道を目指す。途中から細い林道となり、シカの食害を防止する柵をくぐって沢を過ぎると、西山林道に出る。県民の森への分岐を見送り、もうひとつ分岐を過ぎると二俣に到着する。

二俣から木橋で沢を渡り、小丸尾根の分岐を過ぎて林道終点へ。ミズヒ沢を渡り、植林帯から涸れた沢の左岸を登って後沢乗越《うしろざわのっこし》に到着する。乗越の西側は崖になっているので、休憩の際は注意したい。後沢乗越から鍋割山まではなかなかの急登が続く。道は迷うところもなく歩きやすいので、焦らず登っていこう。いくつかピークを越えて、見晴らしのよい鍋割山山頂に出る。

鍋割山で休憩したら、塔ノ岳へ向かう鍋割山稜を歩く。ゆるい起伏で小丸と小丸尾根分岐を通り、大丸を過ぎれば大倉尾根との合流点、金冷シは近い。ここから直進すると塔ノ岳へ、右に折れると大倉バス停へと下山できる。

ADVICE

沢の近くや落ち葉が積もっているところでは、梅雨から夏にかけてヤマビルを見ることもあるので、歩く場所や足元に注意したい。

鍋割山MAP

1 大倉バス停から大倉屋の横の道を進み、西山林道へ向かう。途中でシカの食害を防止する柵をくぐる。

2 西山林道の分岐点。大倉からの道は右で、左の舗装された西山林道を行く。しばらくは林道歩きだ。

3 二俣で勘七沢を渡る。小草平への道を過ぎ、ゲートを通ってもうしばらく林道を歩く。

4 林道終了地点。ミズヒ沢を渡って登山道に入る。鍋割山荘で使われる水がペットボトルで置いてある。

5 西側が切り立ったせまい後沢乗越。ここから鍋割山までが急登になるので、休憩を取っておこう。

6 南側と西側が開けた鍋割山山頂。鍋割山の往復だけでも十分に楽しめるだろう。

7 鍋割山から金冷シまでは静かで気持ちのよい登山道が続く。時折南側の展望が開けて街を見下ろせる。

8 金冷シの分岐。塔ノ岳を往復して、ふたたびこの分岐に戻って大倉へ下っていく。

DATA

アクセス

【往復】
小田急電鉄小田原線渋沢駅
↓神奈川中央交通バス　約15分　210円
大倉バス停

神奈川中央交通バス☎0463-81-1803

小屋情報

鍋割山荘☎0463-87-3298、
090-3109-3737（携帯電話）
尊仏山荘☎090-2569-6013

鍋割山荘

関東周辺の山
3

塔ノ岳（表尾根）《とうのだけ（おもておね）》

日帰りで楽しめる展望の稜線縦走コース

ヤビツ峠バス停～三ノ塔～塔ノ岳～大倉バス停

【 日帰り 】
6時間25分
技術度
体力度

三ノ塔から望む、塔ノ岳へと続く丹沢表尾根。いくつもの
ピークを越え、手軽に縦走気分が味わえる秀逸なコースだ。

かわいい三角屋根が印象的な烏尾山荘。周辺は展望がすばらしく、休憩にも最適。背後の山は三ノ塔。

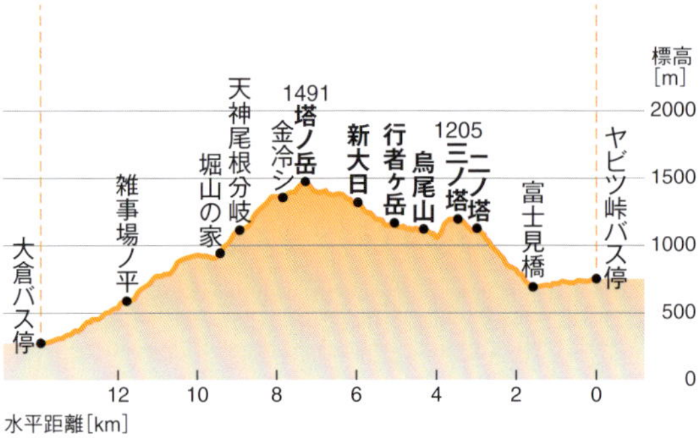

COURSE TIME

ヤビツ峠バス停（25分）富士見橋（1時間）二ノ塔（15分）三ノ塔（30分）烏尾山（25分）行者ヶ岳（50分）新大日（40分）塔ノ岳（15分）金冷シ（35分）天神尾根分岐（15分）堀山の家（50分）雑事場ノ平（25分）大倉バス停

丹《たん》沢《ざわ》表尾根とは、塔《とう》ノ岳《だけ》から南東に延びる大きな尾根で、丹沢の中でも人気のある縦走コースだ。ヤビツ峠を起点として、二ノ塔、三ノ塔、行者《ぎょうじゃ》ヶ岳《たけ》などのピークを越えて塔ノ岳へ向かう道は、展望もすばらしく、クサリ場や岩場もあって本格的な縦走登山を楽しむことができる。大倉《おおくら》尾根で塔ノ岳に登ったことがある人に、ぜひ次に歩いてもらいたいコースだ。

充実した稜線歩きが楽しめる上に、朝早めにヤビツ峠を出発すれば日帰りが可能というのも、人気の理由だろう。体力に不安があれば三ノ塔や烏《からす》尾《お》山《やま》から大倉へ下山することもでき、尊仏《そんぶつ》山荘に泊まって1泊2日にすることも可能だ。逆に余裕があれば、塔ノ岳から鍋割《なべわり》山稜を歩いたり、丹沢山や蛭《ひる》ヶ岳《たけ》方面に足を延ばしたりしてもおもしろいだろう。

登山時期はツツジが見られる5月の新緑期や10月下旬から始まる紅葉期がおすすめ。稜線が明るいので、風が爽やかな季節に歩くのがよいだろう。

Spectacular Views

塔ノ岳の絶景

三ノ塔山頂は絶好の展望台 波打つ優美な稜線を眺めよう

三ノ塔に上がった瞬間に飛び込んでくる表尾根の景色は圧巻の一言。これから歩く稜線はもちろん、富士山の展望もすばらしい。

A p.30

のんびり気分にひたる 縦走中に楽しむのどかな庭園風景

展望のよい烏尾山から行者ヶ岳の間は、まるで庭園のようなのどかな風景が楽しめる。稜線縦走が堪能できる絶好のポイントだ。

B p.30

所々木道が敷かれており、コース全体に整備が行き届いているのがありがたい。写真は三ノ塔直下から振り返る二ノ塔方面。

いちばん注意したいのが行者ヶ岳直下の岩場。クサリはしっかり付いているので焦らず落ち着いて下ろう。

PLANNING

ヤビツ峠からしばらくは舗装された県道を下り、公衆トイレのある富士見橋で林道に入る。すぐに右手に登山口があり、植林帯を登ると林道と交差する。ここから本格的な登山道が始まる。樹林帯が灌木帯となって背後に大山が見えてくると二ノ塔は近い。ベンチのある二ノ塔から一旦下り、階段状の木道を登ると、広い山頂の三ノ塔に到着する。

平らな三ノ塔の頂稜を進み、スリップに注意してガレ場を下る。鞍部から少しの登りで、三角屋根が目印の山荘が建つ烏尾山に出る。烏尾山からはゆるやかに下る快適な尾根を歩き、クサリのある岩場を登って行者ヶ岳へ。せまい山頂から２度クサリ場を下降、２度目の岩場がやや高度感がある。クサリ場が終わるとやせ尾根を桟道で進み、政次郎《まさじろう》尾根の分岐に出る。

この先に危険箇所はなく、休業中の茶屋がある新大日、週末営業の木《き》ノ又《また》小屋を通ってなだらかな尾根を行く。最後に急な坂を登り切ると塔ノ岳山頂へとたどり着く。

ADVICE

コース中の注意箇所は行者ヶ岳と政次郎尾根分岐間のクサリ場。クサリはしっかり付いているので焦らず通過しよう。

塔ノ岳(表尾根)MAP

標高761m、終点のヤビツ峠バス停。奥に約30台の駐車場もある。ここからしばらく車道を下っていく。

公衆トイレのある富士見橋で標識に従って林道に入る。護摩屋敷の水場は県道沿いの少し先にある。

二ノ塔山頂の展望もまずまずだ。樹々の間から富士山も眺められる。三ノ塔へは一旦下り、登り返す。

広々としていて休憩にも最適な三ノ塔山頂。しっかりしたつくりの休憩所もあり、風が強いときは助かる。

三ノ塔から急なザレ場を下り、わずかな登りで烏尾山に着く。展望もよく、チップ制のトイレもある。

行者ヶ岳のクサリ場を終えると政次郎の頭手前のやせ尾根を歩く。しっかり整備されていて危険はない。

休業中の新大日茶屋のある新大日。山頂は平らで小広く、塔ノ岳への最後の休憩にちょうどよいだろう。

木ノ又小屋を過ぎると塔ノ岳直下まではなだらかな道が続く。最後はやや急だが登り切れば塔ノ岳だ。

DATA

アクセス

【行き】

小田急電鉄小田原線秦野駅
↓神奈川中央交通バス　約48分　470円
ヤビツ峠バス停

【帰り】

大倉バス停
↓神奈川中央交通バス　約15分　210円
小田急電鉄小田原線渋沢駅

神奈川中央交通バス☎0463-81-1803

小屋情報

烏尾山荘☎090-7909-3165
（週末営業・素泊まりのみ）
木ノ又小屋☎090-3597-2016
（週末営業・素泊まりのみ）
尊仏山荘☎090-2569-6013

檜洞丸《ひのきぼらまる》

ツツジと展望を満喫する西丹沢人気の周回コース

西丹沢自然教室バス停～ツツジ新道～檜洞丸～犬越路～西丹沢自然教室バス停

【 日帰り 】

6時間45分

技術度 4/5

体力度 3/5

檜洞丸山頂手前はブナの林とバイケイソウの群生地となっており、木道が敷かれた気持ちのよい登山道を歩いていく。

山頂から犬越路まで展望が開けた道。しっかり整備されているが、急なクサリ場は慎重に通過しよう。

COURSE TIME

西丹沢自然教室バス停（10分）ツツジ新道入口（50分）ゴーラ沢出合（50分）展望園地（1時間10分）石棚山稜分岐（20分）檜洞丸（30分）ヤタ尾根分岐（1時間30分）犬越路（1時間）用木沢出合（15分）ツツジ新道入口（10分）西丹沢自然教室バス停

西丹沢《たんざわ》エリアの代表的な山として知られる檜洞丸《ひのきぼらまる》。丹沢最高峰の蛭《ひる》ヶ岳《たけ》の西に位置し、丹沢山塊では4番目の標高を誇る。例年5月中旬から6月初旬はシロヤシオ（ゴヨウツツジ）やトウゴクミツバツツジが見頃で、花期には多くの登山者で賑わいを見せている。

かつては知る人ぞ知る深山で、登山道が整備されるまでは訪れる人も少なかったようである。ツツジが目当ての登山者が多いが、頂稜に広がる明るいブナ林も楽しみのひとつ。昔に比べるとブナが立ち枯れてやや衰退しているのが残念だが、明るい雰囲気の木道歩きもこれはこれで心地よい。

西丹沢自然教室を起点に、ツツジ新道で山頂を目指して犬越路《いぬこえじ》から周回するコースを紹介する。檜洞丸のどっしりとした山容を体感できるような道で、日帰り登山としてはしっかり歩くコースだ。特に山頂から熊《くま》笹《さき》ノ峰《みね》と大笄《おおこうげ》を越えていく下山路が秀逸で、展望だけでなく歩き甲斐も感じられ、充実した登山が楽しめる。

檜洞丸の絶景

山頂直下は平らな木道歩き 春の瑞々しい季節がおすすめ

ブナやシナノキが生える山頂直下の木道はバイケイソウの群生地でもある。秋もよいが瑞々しい緑が味わえる晩春が特におすすめ。

A p.36

大笄から小笄の下りは展望あり! 大室山の大きな山容が印象的

大笄から小笄付近は犬越路をはさんで大室山が大きく見え、どっしりと構えた山容が美しい。下山に使えば、眼下に広がりのある景色を楽しめる。

B p.36

緑が濃い丹沢にトウゴクミツバツツジが色を添える。春は特におすすめのシーズンだ。

檜洞丸山頂は平らで広く、休憩に最適。東側山頂直下には青ヶ岳山荘が建つ。バイオトイレあり。

PLANNING

西丹沢自然教室から車道を10分ほど歩き、右手に出てくるツツジ新道の入口へ。はじめは沢に沿って歩くがすぐに沢から離れ、途中桟道を歩きながら山腹を巻く道となる。東沢を徒渉して、右手から流れてくるゴーラ沢と出合う。

ゴーラ沢を渡り、コンクリートの急な階段を登って尾根に取り付く。ここからは急坂になり、ベンチのある展望園地、鉄ハシゴなどを越えて階段状の木道を歩くと、石棚《いしだな》山稜と合流する。ここからはなだらかな木道歩きとなり、ひと登りで檜洞丸山頂に到着する。

山頂から大室山《おおむろやま》の景色を楽しみながら木製の階段を下り、熊笹ノ峰を越えるとヤタ尾根分岐、ブナ林の大笄を通って高度を下げていく。

大笄と小《こ》笄《こうげ》の間はクサリの付いた急な岩場や鉄ハシゴが続くので注意したい。小笄から２度ほど小さなピークを越すと犬越路に出る。

犬越路からは急な下りで始まるがすぐに沢の右岸を歩くようになり、最後に用木沢公園橋を渡り、車道に出て西丹沢自然教室に戻る。

ADVICE

東沢の徒渉は増水時注意。大笄～小笄間のクサリ場の下りがこのコースの危険箇所。例年、ツツジの見頃は５月中旬から６月初旬だ。

西丹沢自然教室から歩いて10分ほどのところにあるツツジ新道入口。すぐに沢を離れ、山腹を巻く。

東沢を徒渉しゴーラ沢出合に着く。ここは橋がないので水量が多いときは渡るのにやや難儀する。

右手から流れてくるゴーラ沢を渡り、コンクリート製の急な階段を登って尾根に取り付く。

ゴーラ沢出合からしばらく急登が続き、展望園地に着く。樹林の間から富士山が見える。

檜洞丸山頂から犬越路方面へ向かうと展望が開け、気持ちのよい尾根道が見える。奥には大室山が望める。

6 熊笹ノ峰と大笄の鞍部にあるヤタ尾根分岐。ベンチがあり、展望のよい開けたところだ。

7 大笄から小笄付近は、やせ尾根や鉄ハシゴ、急な岩場のクサリ場を通過する。焦らず慎重に歩こう。

8 樹林の中にぽっかりと開けた場所が犬越路だ。大室山側には避難小屋があり、トイレも利用できる。

DATA

アクセス

【往復】

小田急電鉄小田原線新松田駅
↓富士急湘南バス　約1時間10分　1180円
西丹沢自然教室バス停

富士急湘南バス☎0465-82-1361

小屋情報

青ヶ岳山荘☎090-3404-2778

青ヶ岳山荘

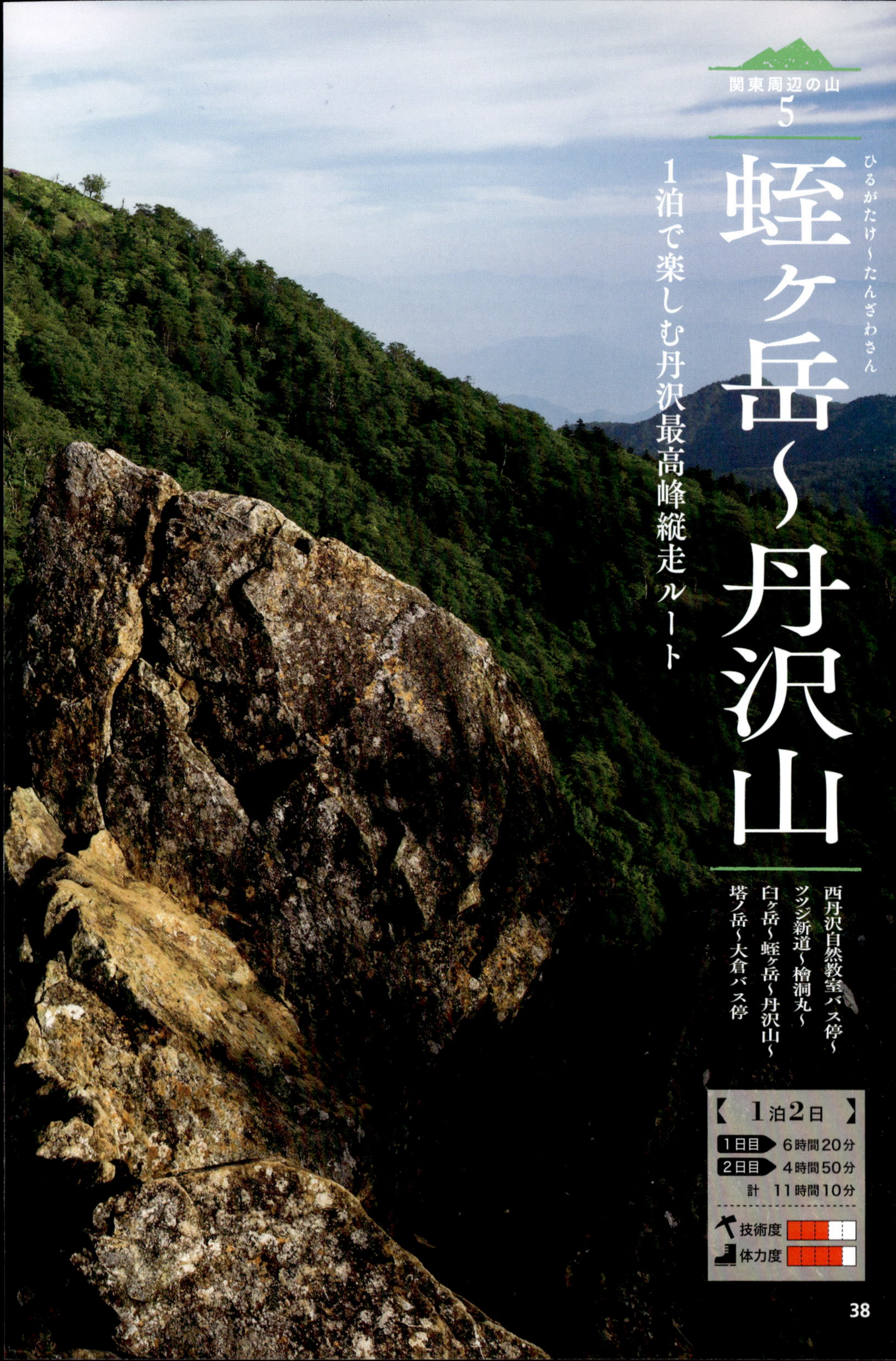

関東周辺の山 5

蛭ヶ岳〜丹沢山《ひるがたけ〜たんざわさん》

1泊で楽しむ丹沢最高峰縦走ルート

西丹沢自然教室バス停〜ツツジ新道〜檜洞丸〜臼ヶ岳〜蛭ヶ岳〜丹沢山〜塔ノ岳〜大倉バス停

【1泊2日】

1日目 6時間20分
2日目 4時間50分
計 11時間10分

技術度 ■■■□□
体力度 ■■■■□

鬼ヶ岩から振り返る丹沢の最高峰、蛭ヶ岳。丹沢山まで笹原の稜線が続き、展望が満喫できる。

不動ノ峰の下りから、笹原越しに丹沢山から塔ノ岳の山並みを望む。縦走中最も景色が楽しめる場所だ。

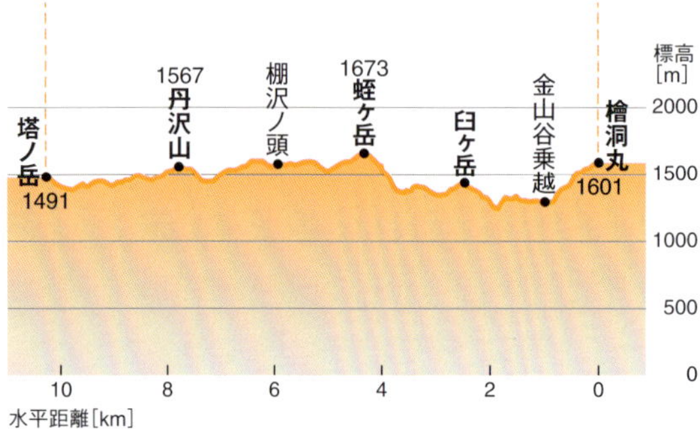

COURSE TIME

1日目：西丹沢自然教室バス停（3時間20分［→p.32］）檜洞丸（40分）金山谷乗越（1時間）臼ヶ岳（1時間20分）蛭ヶ岳

2日目：蛭ヶ岳（40分）棚沢ノ頭（50分）丹沢山（1時間）塔ノ岳（2時間20分［→p.14］）大倉バス停

丹《たん》沢《ざわ》山塊最高峰の蛭《ひる》ヶ岳《たけ》は丹沢の中央に位置し、奥深くにあってどこから入山しても到達するのに時間のかかる山である。蛭ヶ岳山頂を踏む縦走コースとして丹沢主稜や丹沢主脈があるが、標高差や距離があるので歩くのはなかなか大変だ。

ここで紹介しているコースは、丹沢主稜の核心部である檜洞丸《ひのきぼらまる》から蛭ヶ岳を歩き、丹沢主脈の見どころともいえる丹沢山、塔《とう》ノ岳《だけ》に向かうコンパクトな縦走路だ。

見どころは、やはり蛭ヶ岳であろう。檜洞丸越しに眺める富士山をはじめ、大室山《おおむろやま》や南アルプスの展望もよく、首都圏の眺めもよい。さすが丹沢の最高峰である。棚沢《たなさわ》ノ頭から不動《ふどう》ノ峰《みね》、丹沢山へと向かう笹原も開放的で、縦走の醍醐味が味わえる気持ちのよい登山道が続いている。

なお、日本百名山としての丹沢山は丹沢全体を指し、個々の山ではない。同名の丹沢山を百名山踏破の対象とするのもよいと思うが、やはり丹沢を堪能するには最高峰の蛭ヶ岳も踏んでおきたいところだ。

蛭ヶ岳～丹沢山の**絶景**

丹沢の最高峰の雄姿を望む 縦走中の展望ポイント

縦走前半戦の展望ポイントとして挙げられるのが臼ヶ岳。樹林の間からは蛭ヶ岳の展望がよく、少しピーク側に寄ると特にすばらしい。

A p.43

塔ノ岳に負けず劣らず！ 山から見る首都圏の大夜景

塔ノ岳に比べると南側の夜景がないものの、真東に見える首都圏の夜景は美しい。ベンチに座りながらじっくりと眺められる贅沢。

B p.43

蛭ヶ岳から振り返る縦走路。左のガレたピークが臼ヶ岳で、中央が檜洞丸だ。晴れていれば奥に富士山が望める。

丹沢山から塔ノ岳間の登山道はなだらかで、展望も悪くない。塔ノ岳直下のみ急な坂となるが、ひと登りで終わる。

PLANNING

檜洞丸まではp.32参照。檜洞丸直下に建つ青《あお》ヶ岳《たけ》山荘の前を通り、樹林帯を下る。やせ尾根を下った鞍部が金山谷乗越《かなやまだにのっこし》で、この付近は鉄ハシゴやガレ場の桟道が連続する。金山谷乗越から小さなピークを２つ越えると神《かん》ノ川《がわ》乗越だ。ここからしばらく登り返して、ベンチのある臼《うす》ヶ岳《たけ》に到着する。

臼ヶ岳から北に尾根を下り、ミカゲ沢ノ頭を越えてヤセ尾根を通り、蛭ヶ岳へ向かう。途中クサリ場を登り、斜度がゆるむと蛭ヶ岳山頂は近い。初日は山頂に建つ蛭ヶ岳山荘に泊まる。

蛭ヶ岳から階段状の木道を下り、岩場を登り返すと大きな岩が目立つ鬼《おに》ヶ岩《いわ》だ。鬼ヶ岩ノ頭から開放感のある平らな尾根を歩いて棚沢ノ頭、一旦樹林に入り不動ノ峰を越えると南側に休憩舎があり、ここから展望のよい笹原をゆるやかに下っていく。鞍部から登り返せば、みやま山荘の建つ丹沢山に出る。塔ノ岳まではベンチのある竜ヶ馬場、樹林のピークの日高を通って短い急登で、尊仏《そんぶつ》山荘の裏手から塔ノ岳山頂へと至る。塔ノ岳からの下山はp.14参照。

ADVICE

健脚者であれば日帰りも可能。神ノ川乗越、不動ノ峰の水場はともにかなり遠い。

8

樹々に囲まれ展望は少ないが、空がぽっかりと開ける丹沢山山頂。山頂にはみやま山荘が建つ。

1

檜洞丸直下に建つ青ヶ岳山荘の前を通り、一気に標高を下げる。金山谷乗越までは標高約300mほど下る。

2

金山谷乗越から鉄ハシゴで登り返し、ガレ場の桟道を通過する。しっかり整備されていて危険はない。

3

臼ヶ岳への登り始めが神ノ川乗越だ。南側に水場があるが往復約20分、道が不明瞭なので無理は禁物。

4

ミカゲ沢ノ頭を下り、やせ尾根を過ぎると急なクサリ場が出てくる。長くはないので焦らず登ろう。

5

丹沢最高峰、蛭ヶ岳山頂。小屋の建つ山頂は小広く、テーブルやベンチがあり眺めもよい。

6

鬼ヶ岩ノ頭から棚沢ノ頭間は平らで開放感にあふれた稜線だ。富士山の展望もすばらしい。

蛭ヶ岳～丹沢山MAP

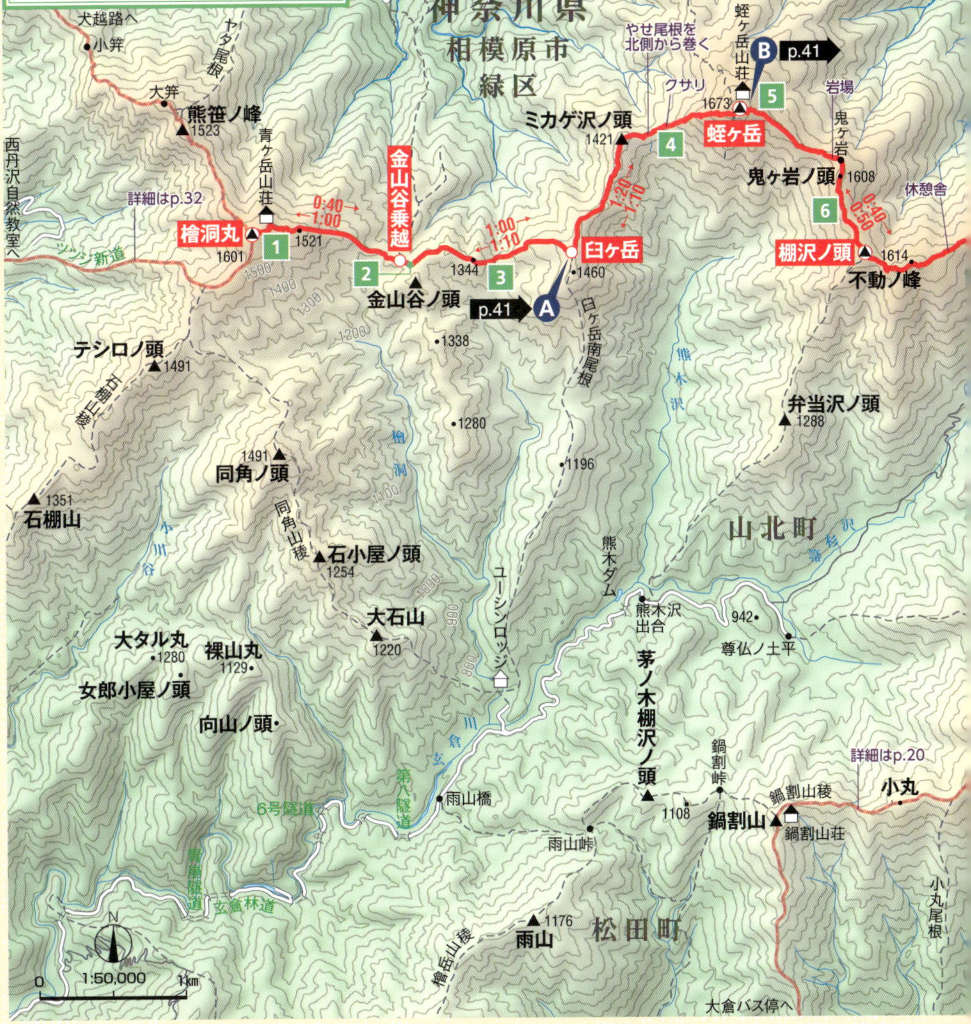

DATA

アクセス

【行き】

小田急電鉄小田原線新松田駅
↓富士急湘南バス
約1時間10分　1180円
西丹沢自然教室バス停

【帰り】

大倉バス停
↓神奈川中央交通バス
約15分　210円
小田急電鉄小田原線渋沢駅

富士急湘南バス
☎0465-82-1361
神奈川中央交通バス
☎0463-81-1803

小屋情報

蛭ヶ岳山荘
☎090-2252-3203
みやま山荘
☎0463-81-8662、
090-2624-7229
（衛星電話）

不動ノ峰を下ると休憩舎があり、そこから笹原の稜線が続く。一旦下り、丹沢山へ登り返す。

関東周辺の山
6

畦ヶ丸《あぜがまる》

山深いブナの森を歩いてツツジを楽しむ

西丹沢自然教室バス停～畦ヶ丸～大滝橋バス停

【日帰り】
5時間25分
技術度
体力度

善六ノタワを過ぎて山頂に近づくにつれ美しいブナ林を歩くようになる。静かな山歩きを楽しむにはおすすめの山だ。

歩き始めは明るく開けた西沢沿いを進む。沢に架かった木橋を何度も渡り、ゆるやかに標高を上げる。

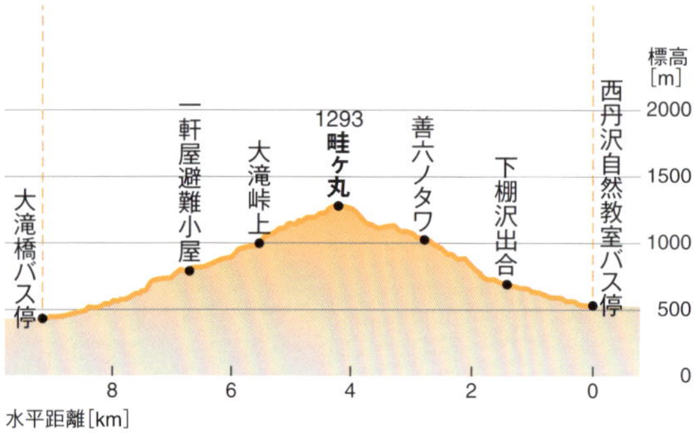

COURSE TIME

西丹沢自然教室バス停（40分）下棚沢出合（1時間20分）善六ノタワ（1時間）畦ヶ丸（45分）大滝峠上（40分）一軒屋避難小屋（1時間）大滝橋バス停

畦《あぜ》ヶ丸《まる》は丹沢主稜、もしくは山梨県と神奈川県の県境尾根にあると思われがちだが、実際は県境尾根上のモロクボ沢ノ頭から派生した尾根の上にある。檜洞丸《ひのきぼらまる》から見ると、西丹沢自然教室のすぐ西を流れる中川川《なかがわがわ》をはさみ、真西向かいに位置する山で、山頂まで樹林に覆われてあまり目立たない。

一見地味な山だが人気は高く、週末を中心に登山者が多い。人気の理由は、頂上付近の豊かなブナ林と、檜洞丸にも引けをとらないほどのツツジの自生地として知られていることだろう。また、標高もさほど高くないために、体力や時間があまりかからず、日帰りできるところも魅力のひとつとして挙げられる。

山頂はブナやミズナラなどの樹林に覆われて展望はないが、登山道はなかなか変化に富んでいる。西沢上流の沢に落ちる本棚《ほんたな》や下棚《しもんたな》を巡ってブナ林へと向かう道は登山者を飽きさせない。下山の沢沿いの道もなかなか楽しめる。コースを通して歩きやすく、初心者にぴったりの山だ。

Spectacular Views

畦ヶ丸の**絶景**

春がおすすめ！　ブナの新緑とトウゴクミツバツツジの競演

山頂周辺はブナが美しい。またトウゴクミツバツツジやシロヤシオも多く、例年5月中旬から下旬が見頃となる。

A p.49

優美な滝を求めて本棚と下棚の滝見ハイク

コース中に左手から合流してくる下棚沢と本棚沢の奥にはどちらも大きな滝がある。どちらも往復10分程度。特に写真の本棚が見事だ。

B p.49

山頂の展望はないが、樹林に囲まれた気持ちのよい場所だ。ベンチもあるので休憩するにもちょうどよい。

山頂から下ってすぐのところにある畦ヶ丸避難小屋。トイレもあるので、登頂後の休憩はここもおすすめ。

PLANNING

西丹沢自然教室から中川川を吊橋で渡り、西沢の左岸を歩いて堰堤を階段で越える。明るく開けた沢沿いを歩き、木の橋で何度が徒渉してベンチのある広場に出ると、ひと歩きで下棚沢出合に着く。その少し先には本棚沢があり、どちらも滝があるので、余裕があれば足を運んでみよう。

本棚沢を過ぎ、薄暗い沢状の道から登り坂に取り付く。しばらくは急登だが、ベンチのあるところまで登ると勾配は落ち着く。一度沢を横切り、せまい尾根上の善六《ぜんろく》ノタワに到着する。

善六ノタワの先のベンチを過ぎて木の長いハシゴを登ると、ゆるやかな登り道となる。このあたりからブナが増え、森林浴を楽しみながら畦ヶ丸の山頂へとたどり着く。

下山は避難小屋から樹林帯を下り、標柱のある大滝峠上で左に折れる。尾根から沢筋へ下り、一軒屋避難小屋へ。山腹を巻くように下り林道へ出たら、県道76号を目指して下っていく。

ADVICE

本棚、下棚はともに出合から往復約10分の道のり。コース中に危険箇所はないが、下山路の大滝沢を中心に雨の日はスリップに注意。日帰り温泉「ぶなの湯」は大滝橋から徒歩約30分。

1 西丹沢自然教室から中川川に架かる吊橋を渡る。このあと堰堤を階段で越え、西沢沿いを歩く。

2 権現山分岐のベンチを過ぎるとすぐに下棚沢出合に出る。下棚の滝直下へは往復約10分だ。

3 本棚沢を過ぎてから沢状の道を歩き、途中から尾根に取り付いて急坂を登っていく。

4 やせ尾根上の善六ノタワ。ここは休憩に適していないので、少し先にあるベンチを利用しよう。

5 畦ヶ丸山頂。展望こそないものの広さはある。この奥を少し下ると避難小屋に出る。

屏風岩山への分岐となる大滝峠上。ここから稜線を離れて大滝橋へと下っていく。

沢沿いにある一軒屋避難小屋。この先も木橋で何度も沢を渡りながら標高を下げる。

林道歩きで県道に出ると、右手の橋上に大滝橋バス停がある。ぶなの湯まではここから歩いて約30分。

DATA

アクセス

【行き】

小田急電鉄小田原線新松田駅
↓富士急湘南バス　約1時間10分　1180円
西丹沢自然教室バス停

西丹沢自然教室

【帰り】

大滝橋バス停
↓富士急湘南バス　約58分　1130円
小田急電鉄小田原線新松田駅

富士急湘南バス☎0465-82-1361

関東周辺の山 7

大山《おおやま》

歴史ある信仰の山を登る

大山ケーブルバス停～下社～大山～見晴台～下社～大山ケーブルバス停

【 日帰り 】

4時間15分

技術度

体力度

下山路の見晴台から仰ぐ大山。山麓から見た均整のとれた
三角形の山容が有名。丹沢入門におすすめの山だ。

奥社のある山頂から開けた南側の展望を楽しむ。相模湾の海岸線と伊勢原や秦野の街が見下ろせる。

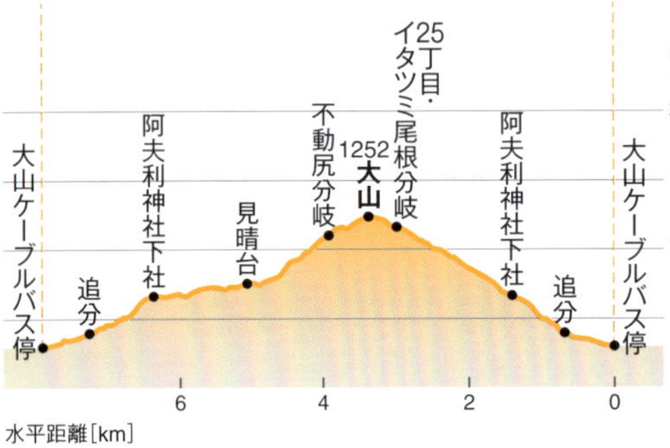

COURSE TIME

大山ケーブルバス停（15分）追分（男坂、40分）阿夫利神社下社（1時間10分）25丁目・イタツミ尾根分岐（15分）大山（20分）不動尻分岐（30分）見晴台（20分）阿夫利神社下社（女坂、35分）追分（10分）大山ケーブルバス停

大《おお》山《やま》は丹沢《たんざわ》山塊の東に位置し、端正な三角形の山容が特徴の山だ。この目立つ美しい山容から古くから山岳信仰の対象とされ、現在でも多くの人に親しまれている。また、大山は別名で雨降山《あめふりやま》とも呼ばれ、大山と阿夫利《あふり》神社は雨乞いの対象としても知られている。

古くから登られているゆえに山頂へ至る登山道は多い。ここでは登拝路としてよく使われた表参道から登り、雷《かみなり》ノ峰《みね》尾根で周回するコースを紹介している。阿夫利神社下社《しもしゃ》まではケーブルカーも利用できるので、初心者は無理せず下社から周回することもできる。また、表参道が伝統的な登山道ではあるが、ヤビツ峠からイタツミ尾根を通るコースも歩きやすく、よく使われている。

標高は低い山ながらも、東端に位置するために山頂からの展望がすばらしいのもこの山の魅力だ。山頂から見える伊勢原《いせはら》や秦野《はだの》方面の市街や相模《さがみ》湾、北に回ると丹沢の表尾根と丹沢山、その奥には美しくそびえる富士山を望むことができる。

大山の**絶景**

首都圏の展望が開ける東側が休憩＆展望スポット

標識のある山頂も見晴らしがよいが、東側に一段下ったところにもベンチがあり、展望の開け具合はこちらがおすすめ。

A p.55

少し足を延ばせば絶景丹沢山塊と富士山のコラボ

山頂の北側にはトイレがあり、その裏手から西側の展望が開ける場所へと道がある。そこからは表尾根と丹沢山、富士山の景観がすばらしい。

B p.55

表参道には1丁目ごとに標柱が建てられている。山頂は28丁目、焦らずがんばろう。

表参道とうってかわって、雷ノ峰尾根の下りはそこそこ展望が開けている気持ちのよい道だ。

PLANNING

大山ケーブルバス停からこま参道を歩く。こま参道の名の由来は、大山の名物のおもちゃの「こま」だ。ケーブルの駅がある追分《おいわけ》から男坂か女坂で阿夫利神社下社へ登る。2つの道が合流するとまもなく下社だ。

下社の左手を進み、急な石段を登って表参道を歩く。ベンチのある16丁目の分岐からは一旦ゆるやかな登りになり、富士山の見える20丁目を過ぎて、25丁目でヤビツ峠から来るイタツミ尾根と合流する。ここまで来るとあとひと登りで山頂に到着する。

山頂に建つ本社で参拝を済ませたら山頂の展望を楽しもう。海岸線の見える南側もよいが、北側の丹沢山塊と富士山もすばらしい。

下りは雷ノ峰尾根で見晴台へ。展望を楽しみながら大山の肩、不動尻《ふどうじり》への分岐を過ぎ、道が平らになるとあずまやとベンチが並ぶ見晴台に出る。ここからは二重滝を通って下社へ向かう巻道を歩く。下社からの下りは女坂がよいだろう。途中大山寺に寄り、追分へと下山する。

ADVICE

大山ケーブルカーは50年ぶりの車両変更で、2015年10月1日に新車両で営業開始。ヤビツ峠からイタツミ尾根を登るコースも人気だ。

1 バス停からこま参道を通り、ケーブルカーの駅のある追分へ。ここから男坂か女坂で下社へ向かう。

2 観光客も多い阿夫利神社下社。安全登山のお参りを済ませ、下社の左手から登山口へ。

3 登り始めには厳しい急な石段を上がる。登り切るとようやく登山道が始まる。

4 大きな標柱の立つ16丁目の本坂追分。ここから20丁目あたりまでは一度ゆるやかな道が続く。

5 富士山の眺めがよい20丁目富士見台。ここまで来れば登りも終盤にさしかかる。

6

27丁目の鳥居をくぐってひと歩きで大山山頂に着く。ぜひとも各方面の展望を楽しみたい。

7

テーブルとベンチが並ぶ見晴台。振り返ると大山の美しい景観を望むことができる。

8

見晴台から下社への道は左側がガレたトラバース道だが、しっかり柵があるので歩きやすい。

DATA

アクセス

【往復】

小田急電鉄小田原線伊勢原駅
↓神奈川中央交通バス　約25分　310円
大山ケーブルバス停

大山ケーブルバス停

神奈川中央交通バス☎0463-81-1803

関東周辺の山
8

雲取山《くもとりやま》

東京都の最高峰を登る

鴨沢バス停～ブナ坂～雲取山～三条の湯～お祭バス停

【 1泊2日 】

1日目 5時間40分
2日目 5時間35分
計 11時間15分

技術度
体力度

郵便はがき

恐れ入りますが
切手を
お貼り下さい

104-8233

東京都中央区京橋3-7-5
京橋スクエア11F

実業之日本社

「愛読者山係」行

ご住所 〒	
お名前	ご職業
メールアドレス	

ご記入いただきました個人情報は、所定の目的以外に使用することはありません。

ご意見をお聞かせください。

この本のタイトル

お住いの都道府県

お求めの書店

男・女

歳

山歩きには、誰と出かけますか？

①一人　②夫婦またはカップル　③グループ　④子供連れ

⑤その他（　　　　　　　　　　　　）

山へ行くときには、どんな交通手段を利用しますか？

①電車やバスなどの公共交通機関

②クルマ

登山前や下山後に、周辺の観光スポットや温泉などに立ち寄りましたか？

①はい（登った山と施設名など　　　　　　　　　　　　）

②いいえ

本書についてのご感想、ご意見をお書きください。

どうもありがとうございました

実業之日本社のプライバシー・ポリシー（個人情報の取扱い）は、
以下のサイトをご覧ください。http://www.j-n.co.jp/

雲取山避難小屋前からゆるやかな石尾根を眺める。
優しい尾根道の奥には首都圏の街が見える。

尾根から西に見える飛龍山の姿が印象的だ。空気が澄んでいればその先には南アルプスも見える。

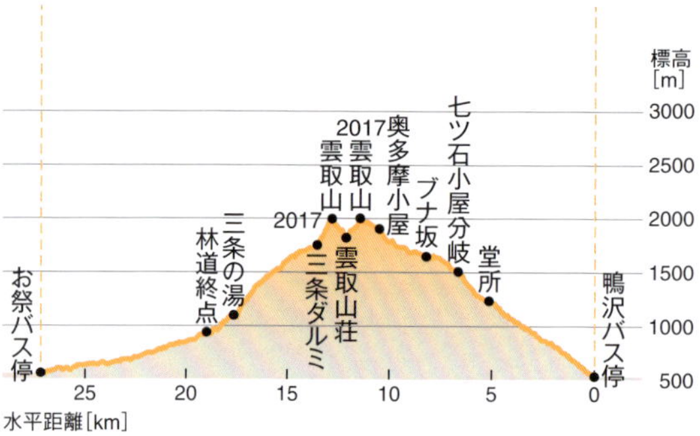

COURSE TIME

1日目：鴨沢バス停（2時間15分）堂所（50分）七ツ石小屋分岐（40分）ブナ坂（40分）奥多摩小屋（55分）雲取山（20分）雲取山荘

2日目：雲取山荘（30分）雲取山（20分）三条ダルミ（2時間）三条の湯（25分）林道終点（2時間20分）お祭バス停

東京都の最高峰であり、日本百名山の一座でもある雲取山《くもとりやま》。東京の最西端に位置し、奥多摩《おくたま》と奥《おく》秩父《ちちぶ》エリアに属する。奥多摩の中では最も奥深いところにある。

頂上へ向かう登山道は多いが、どのコースも長いため、通常は山中に泊まる山行になる。ここでは鴨沢《かもさわ》から入山し、石《いし》尾根を歩いて三条《さんじょう》の湯を経由して、お祭《まつり》に下山する周回コースを紹介する。数ある雲取山の登山道の中でも、鴨沢から山頂へ至る道が最もよく歩かれており、初めてであればこの道を往復してもよいだろう。コース中に山小屋が多く、特に山頂に近い通年営業の雲取山荘はありがたい存在だ。

開けた石尾根を見下ろす山頂からの展望がすばらしく、富士山や飛《ひ》龍《りゅう》山《さん》、奥秩父の山々と南アルプスを見渡すことができる。稜線はカラマツが多く、新緑や紅葉の時期は特に美しい。また、ツツジの時期やマルバダケブキが咲く夏も登山者に人気がある。稜線の新緑は5月下旬から6月が、紅葉は10月下旬が見頃となる。

雲取山の絶景

まるで絵画のよう 山頂からの富士山展望

雲取山山頂と富士山の間には高い山がないので、視界が途中で邪魔されず、富士山の眺めがよい。左の小さなピークは雁ヶ腹摺山。

A p.61

スカイツリーと東京タワー 雲取山荘前から見える東京の夜景

小屋前からは東京の夜景が楽しめ、特に2階の部屋は眺めが抜群だ。空気が澄む秋からがおすすめの時期となる。

B p.61

石尾根と合流するブナ坂の分岐。ここで小休憩して、ゆるやかな稜線で山頂へ向かおう。

避難小屋の北側奥に三角点があり、山頂の標柱が立っている。方位盤もあるので、見える山を同定しよう。

PLANNING

鴨沢バス停から民家の間を登ってスギ林に入り、一度車道に出て右手に小袖乗越《こそでのっこし》の駐車場を見送る。少し進んだ車道脇左手から登山道へ入る。

山腹を巻くようなゆるやかな登りで標高を上げ、水場を過ぎて尾根に上がった平地が堂所《どうどころ》だ。そこから道はやや登り調子になり、マムシ岩の分岐を過ぎて指導標のある七《なな》ッ石《いし》小屋への道を見送る。七ツ石山の山腹を巻く道を進み、石尾根と合流するブナ坂の分岐に出る。

小さな起伏のある尾根道を歩き、ヘリポートを過ぎると奥多摩小屋のある五十人平だ。ヨモギノ頭を越え、最後の急登で小雲取山に出る。ここからはなだらかな道で雲取山避難小屋に着き、右手奥の雲取山山頂へ向かう。雲取山荘へは山頂から北側のやや急な樹林帯を下る。

翌日は山頂から急な下りで三条ダルミに出て、分岐を左に取り三条の湯へと下る。林道まで高巻道を歩き、お祭までのんびり林道を下ろう。

ADVICE

三条の湯から後山林道までの高巻道は細いので、沢側に転倒しないよう通行に注意したい。帰りの奥多摩駅行きのバスは本数が少ないので事前に調べておこう。

鴨沢のバス停。トイレとバス停の脇の階段を入ってから、民家の間を通って登山道へ向かう。

堂所の標柱がある場所は少しせまいが、ほんの少し進むと休憩できる小広いスペースがある。

マムシ岩と呼ばれる石灰岩の露岩を過ぎ、七ツ石小屋への分岐に出る。登山道は左側を巻く。

ヘリポートを通過すると、幕営地と水場がある五十人平に着く。奥には奥多摩小屋が建つ。

小雲取山に登ると避難小屋が見え、山頂まであと一歩となる。のんびりした道を登って山頂へ向かう。

山頂から急な坂を下り、三条ダルミに出る。分岐を左にとり、三条の湯へ下っていく。

標高1103mにある天然温泉の三条の湯。日帰り入浴もできるので、時間があれば寄っていきたい。

林道を歩き、国道411号と合流する。合流したところの少し先にお祭のバス停がある。

DATA

アクセス

【行き】	【帰り】
JR青梅線奥多摩駅	お祭バス停
↓約35分　630円	↓約40分　760円
鴨沢バス停	JR青梅線奥多摩駅

西東京バス氷川車庫☎0428-83-2126

小屋情報

雲取山荘☎0494-23-3338
三条の湯☎0428-88-0616

雲取山荘

雲取山MAP

甲武信ヶ岳《こぶしがたけ》

甲斐・武蔵・信濃の境の山へ

西沢渓谷入口バス停～
徳ちゃん新道～
甲武信ヶ岳～
三宝山(往復)

【 1泊2日 】

1日目 5時間20分
2日目 5時間40分
計 11時間

技術度
体力度

木賊山から甲武信小屋へ下る途中のザレ場からは、美しい三角錐の甲武信ヶ岳と三宝山を望むことができる。

樹林帯を抜けた山頂直下、南側のガレからは富士山の眺めがよい。右の国師ヶ岳の奥には白峰三山も見える。

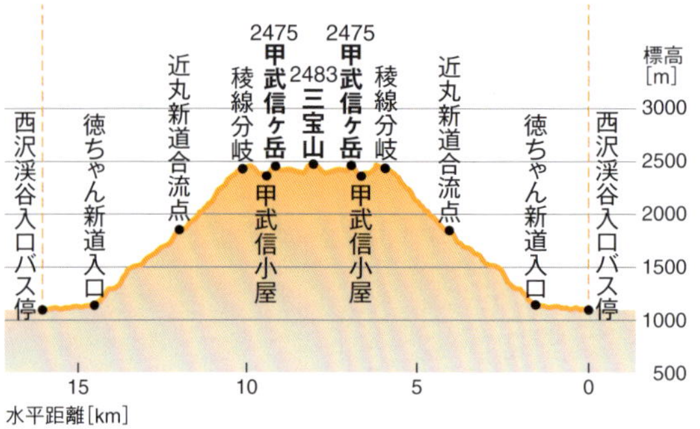

COURSE TIME

1日目：西沢渓谷入口バス停（30分）徳ちゃん新道入口（2時間30分）近丸新道合流点（2時間）稜線分岐（20分）甲武信小屋

2日目：甲武信小屋（20分）甲武信ヶ岳（40分）三宝山（40分）甲武信ヶ岳（15分）甲武信小屋（25分）稜線分岐（1時間20分）近丸新道合流点（1時間30分）徳ちゃん新道入口（30分）西沢渓谷入口バス停

奥《おく》秩父《ちちぶ》主脈の中央に位置する甲《こ》武《ぶ》信《し》ヶ岳《たけ》。その山容から拳《こぶし》ヶ岳《たけ》と呼ばれていたものが、甲斐《かい》、武《む》蔵《さし》、信濃《しなの》の境にあることから甲武信ヶ岳と記したのが山名の由来といわれる。この山の頂は三国の境というだけでなく、太平洋へ注ぐ富士川上流の笛吹川《ふえふきがわ》と荒川《あらかわ》、日本海へ注ぐ信濃川上流の千曲川《ちくまがわ》の水源地でもある。3本の大河の源として人々の生活を支えてきたことを思うと、三国の頭文字を冠する名に意味深さを感じる。

標高が並ぶ木賊山《とくさやま》と三宝山《さんぼうざん》にはさまれてあまり目立たない山といわれるが、木賊山中腹から見る天を突くような山容や、三宝岩から望む富士山と並ぶ景観は見事だ。地味なイメージを捨てて、ぜひその姿を眺めて楽しんでほしい。

ここでは西沢《にしざわ》渓谷側から山頂へ至る徳《とく》ちゃん新道コースを紹介している。このコースは歩き始めから尾根沿いで、沢沿いを通る近丸《ちかまる》新道よりも歩きやすく、特に雨天時は利用価値が高い。展望こそ少ないが、シャクナゲの群生を楽しめるのも魅力だ。

甲武信ヶ岳の**絶景**

甲武信ヶ岳と富士山の共演 見晴らしのよい三宝山がおすすめ

せっかく甲武信ヶ岳まで来たのなら、ぜひ三宝山にも足を延ばそう。山頂直下の三宝岩からは富士山と並ぶ甲武信ヶ岳を見ることができる。

A p.67

シャクナゲに囲まれる登山道 見頃は5月下旬から6月中旬

近丸新道との合流点前後ではシャクナゲのトンネルを通過する。例年５月下旬から見頃になるアズマシャクナゲが美しい。

B p.67

近丸新道との合流点を過ぎると樹林の間から木賊山が見える。まだ先は長いが、あとどのくらいかおおよその目安になる。

昔ながらの山小屋の雰囲気が漂う甲武信小屋。山頂まで約20分ほどの場所に建つ。6月頃はテラスから御来光も拝める。

PLANNING

西沢渓谷入口バス停から林道を歩く。西沢渓谷ハイキングコースの帰路が合流する場所を過ぎると程なくして、戸《と》渡《わたり》尾根コースの大きな看板のある登山口を見送る。すぐ先の閉鎖中の西沢山荘の手前に徳ちゃん新道の登山口がある。

ゆるい登りから始まるが、カラマツが目立つようになると急な斜面で尾根に取り付く。尾根に上がって一旦平坦な道を歩き、もう一度急登を越えると、シャクナゲの群生地だ。露岩の道になれば近丸新道との合流点は近い。

合流点から少し下り、シャクナゲに囲まれた急坂を過ぎると、木の根が張り出した樹林帯になる。左にカーブするように尾根を進み、富士山が見渡せるザレ場に出る。ここまで来ると木賊山まであとひと息だ。木賊山からザレ場を下ると甲武信小屋に到着する。

甲武信小屋から山頂までは約20分、樹林を抜けたガレからは展望が一気に開け、山頂へと達する。時間があれば三宝山にも足を延ばそう。

ADVICE

健脚者であれば日帰りも可能だが、マイカー利用で早朝の出発が前提となる。三宝岩への入口はわかりにくいが道はしっかりしている。戸渡尾根上部の残雪は５月下旬頃まで。

甲武信ヶ岳MAP

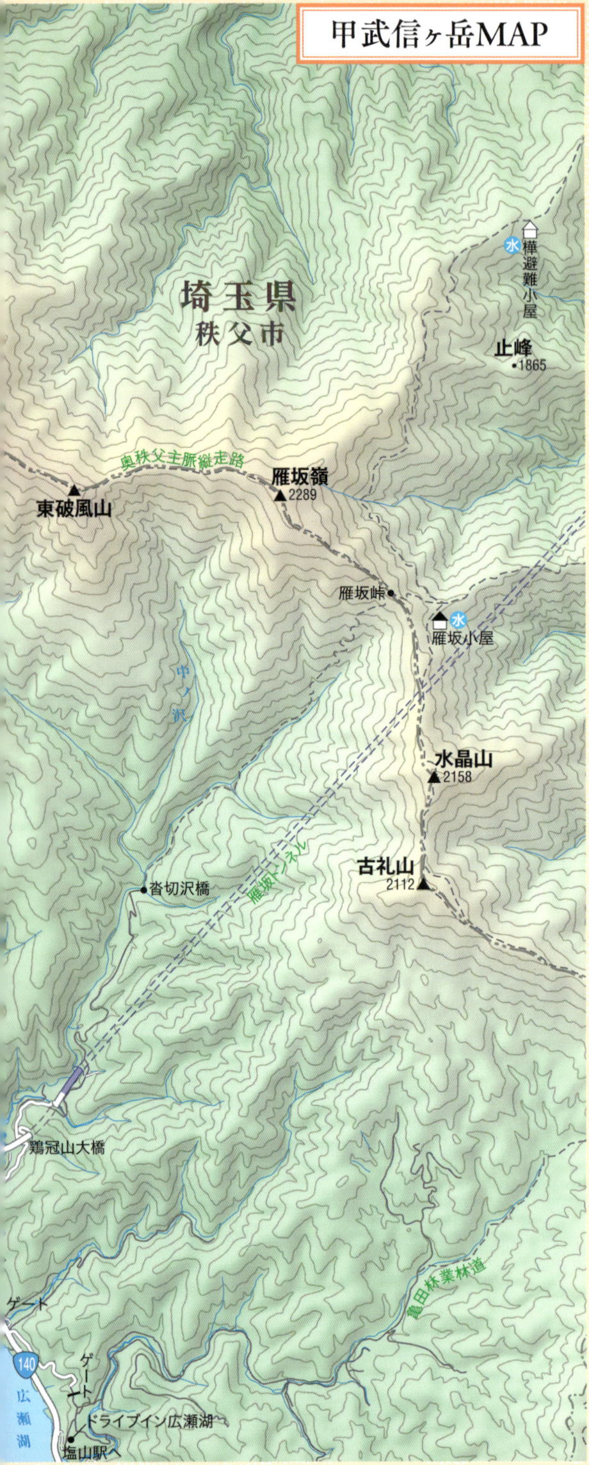

1

西沢渓谷入口バス停に建つ東沢山荘。ここから登山口まで林道を約30分歩いていく。

2

林道を歩いて先に出てくるのは戸渡尾根コースの近丸新道登山口。こちらは見送って林道を進む。

3

閉鎖している西沢山荘の手前に徳ちゃん新道の登山口がある。山荘前のトイレは使用できる。

4

樹林に囲まれた近丸新道との合流点。木賊山まではここでようやく半分といったところだ。

5

シャクナゲの森が終わると木の根が張り出した急坂を歩く。木賊山はまだ遠いので焦らずに進みたい。

尾根をカーブしてしばらくすると、稜線分岐の手前で展望が開ける。ちょうどよい休憩ポイントだ。

樹林に囲まれて展望のない木賊山山頂。ここから約15分の下りで甲武信小屋に到着する。

大きな標柱の立つ甲武信ヶ岳山頂。富士山をはじめ、金峰山方面、八ヶ岳、浅間山の展望がよい。

DATA

アクセス

【往復1】

JR中央本線山梨市駅
↓山梨市営バス　約58分　900円
西沢渓谷入口バス停

【往復2】

JR中央本線塩山駅
山梨貸切自動車（路線バス）
↓約1時間　1030円
西沢渓谷入口バス停

山梨市役所総務課☎0553-22-1111
山梨貸切自動車☎0553-33-3141

小屋情報

甲武信小屋☎090-3337-8947

関東周辺の山 10

金峰山《きんぷさん》

奥秩父の名峰に登る定番ルート

瑞牆山荘バス停～富士見平～砂払ノ頭～金峰山（往復）

【 日帰り 】

7時間15分

技術度

体力度

金峰山の山頂には五丈岩と呼ばれる大きな岩が鎮座する。
背後には富士山や南アルプスの山々を見渡すことができる。

大日岩から仰ぐ金峰山の山容。遠くからでも山頂の五丈岩が目立つ。登山道は砂払ノ頭まで樹林帯を歩く。

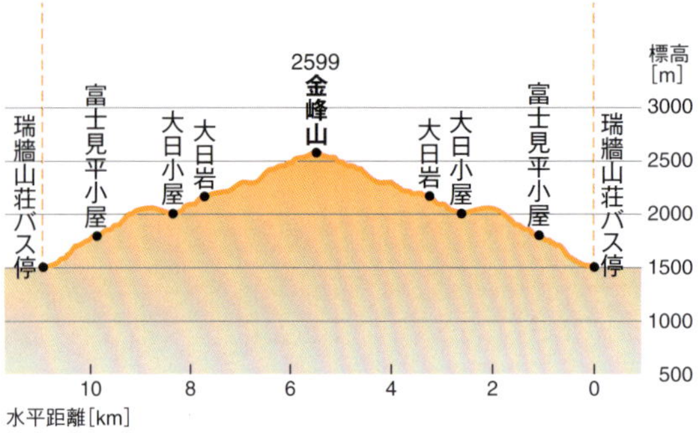

COURSE TIME

瑞牆山荘バス停（50分）富士見平小屋（1時間）大日小屋（30分）大日岩（1時間50分）金峰山（1時間20分）大日岩（20分）大日小屋（45分）富士見平小屋（40分）瑞牆山荘バス停

山梨県甲府《こうふ》市と長野県南佐久《さく》郡川上《かわかみ》村の県境に位置する標高2599mの金峰山《きんぷさん》。奥秩父《おくちちぶ》山塊の最高峰は北奥千丈岳《きたおくせんじょうだけ》に譲るものの、その秀麗な山容、里からもそれとわかるシンボルの五丈岩《ごじょういわ》などを鑑みれば、この金峰山が奥秩父を代表する山といえるだろう。古くから信仰の対象であり、現在は日本百名山のひとつとして、多くの登山者に登られている。

大弛《おおだるみ》峠は車で入れる日本最高所の峠で、そこから登るのが最も近くて楽なコースだが、本書では信仰の路のひとつである増富《ますとみ》口、瑞牆《みずがき》山荘からの往復コースを紹介している。

このコースの魅力は、砂払《すなばらい》ノ頭から山頂にかけてのダイナミックな稜線歩きが楽しめるところにある。山梨県側は断崖絶壁でガレており、樹林歩きの多い奥秩父の中ではアルプス並みの迫力ある景観が楽しめる。

五丈岩のある山頂は奥秩父随一ともいえる眺望で、富士山をはじめ八《やっ》ヶ岳《たけ》や南アルプスなど360度の展望が広がる。

金峰山の絶景

山頂の主役・五丈岩 真下から見上げる迫力の岩塔

真下から見上げる五丈岩は迫力がある。登れないことはないが、クサリなどは付いていないので無理に登るのはやめておこう。

A p.72

余裕があれば寄り道おすすめ 好展望ピークの鷹見岩

飯森山山腹から南へ約15分、ピークが開けた岩峰の鷹見岩。ここから見る金峰山が美しい。富士山や南アルプス、八ヶ岳もよく見える。

B p.73

山頂から北西の方角には八ヶ岳連峰が遠望できる。手前には花崗岩の要塞、瑞牆山が見える。

樹林帯の分岐から、ルートとは逆の北側に行くと大日岩に出る。ピークまでは危険だが、少し登ると金峰山の展望がよい。

PLANNING

瑞牆山荘の向かいから樹林帯に入り、ゆるやかな道を歩き始める。やや傾斜がついてくると一度林道を横切り、急な道で瑞牆山の見える尾根に出るとゆるやかな登りで富士見平《ふじみだいら》へ向かう。

富士見平小屋の右手から登り、一度尾根に出てから飯森山《いいもりやま》の山腹を巻く道になる。鷹見岩《たかみいわ》の分岐から下り坂を進むと、右下に大日《だいにち》小屋が見える平らな場所に出る。大日岩まで急坂で、クサリのついた滑りやすい岩もあるので注意しよう。シャクナゲの森を抜け、大日岩の基部に来ると右手の樹林を登って八丁平《はっちょうだいら》との分岐に着く。稜線までは単調で長い樹林の道が続く。

標柱の立つ砂払ノ頭に出ると一気に展望が広がり、快適な稜線歩きが始まる。ひと登りで千《ち》代《よ》ノ吹上《ふきあげ》と呼ばれる断崖に着き、信州側のハイマツ帯を歩いていく。金峰山小屋への分岐を過ぎるとやや大きな岩を越えながら進み、次第に五丈岩が近づく。ゆるやかな稜線をたどり、五丈岩の左を通って山頂の平地に出る。金峰山山頂はすぐ先の岩の上にある。

ADVICE

バス利用は始発が10時着なので、健脚者以外の日帰りは難しい。瑞牆山荘に前泊もしくは富士見平小屋、金峰山小屋に泊まるのがよい。

五丈岩のある山頂が近づいてくると岩の道を歩く。そのままゆるやかな稜線歩きで山頂へ向かう。

バス停のある瑞牆山荘の向かいの登山口から入山する。登り始めは平らでゆるやかな道。

登山口から1時間弱で着く富士見平。小屋奥にトイレがある。小屋の左手から天鳥川へ下る。

飯森山の山腹を巻き、鷹見岩への分岐から下り坂を歩くと大日小屋の上に出る。奥には鷹見岩が見える。

大日岩の基部から右の樹林帯を登って分岐に出る。大日岩は左、金峰山への道は右を行く。

樹林帯を抜けると指導標の立つ砂払ノ頭に出る。ここからは気持ちのよい稜線歩きとなる。

砂払ノ頭からひと登りで着く千代ノ吹上。絶壁越しに眺める金峰山の山容がすばらしい。

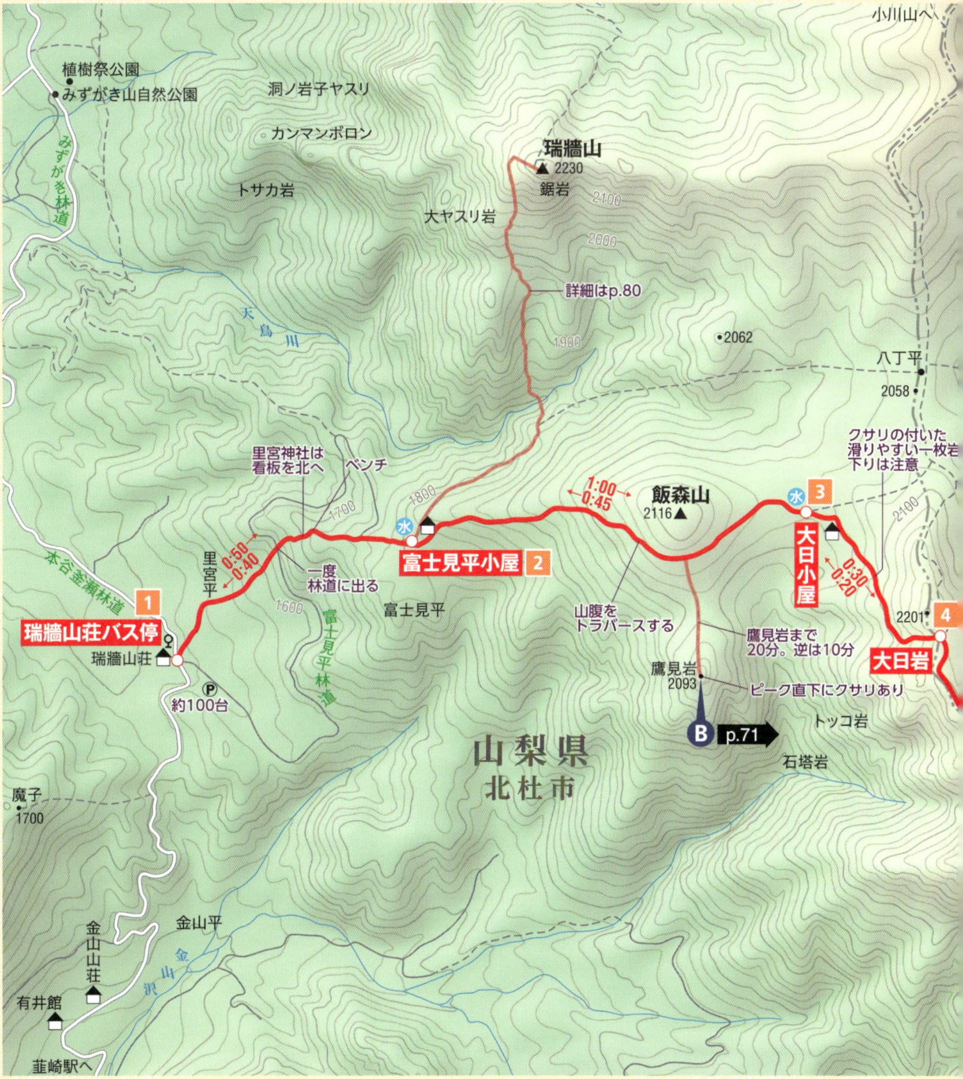

DATA

アクセス

【往復】

JR中央本線韮崎駅
↓山梨峡北交通バス　約1時間15分　2060円
瑞牆山荘バス停

山梨峡北交通☎0551-42-2343

小屋情報

瑞牆山荘☎0551-45-0521
富士見平小屋☎090-7254-5698
金峰山小屋☎0267-99-2030、
090-4931-1998（携帯電話）

7

金峰山小屋への分岐を過ぎると、一部急な岩場の登りがある。下山時はスリップに注意しよう。

関東周辺の山

11

金峰山《きんぷさん》～甲武信ヶ岳《こぶしがたけ》

奥秩父の醍醐味を味わう縦走ルート

瑞牆山荘バス停～富士見平～
金峰山～大弛峠～国師ヶ岳～
甲武信ヶ岳～徳ちゃん新道～
西沢渓谷入口バス停

【 2泊3日 】

1日目	6時間
2日目	6時間10分
3日目	3時間45分
計	15時間55分

技術度

体力度

奥秩父の最高峰、北奥千丈岳から振り返る金峰山と縦走路。
大弛峠を経由して甲武信ヶ岳へ続く主稜線を歩く。

金峰山山頂から望む縦走路。左の3ピークが三宝山、甲武信ヶ岳、木賊山で、右のピークが北奥千丈岳。

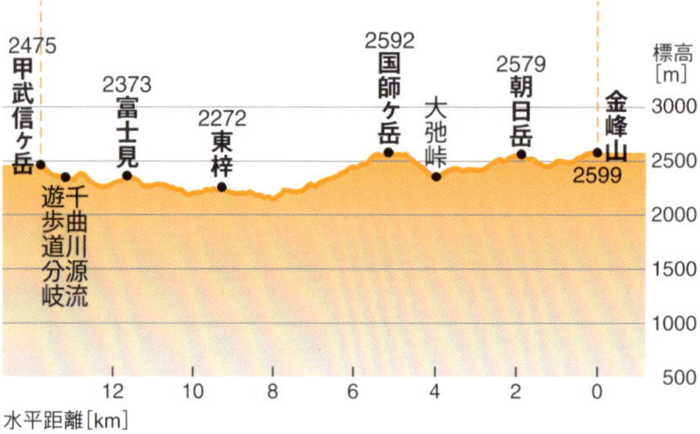

COURSE TIME

1日目：瑞牆山荘バス停（4時間10分[→p.68]）金峰山（1時間）朝日岳（50分）大弛峠

2日目：大弛峠（1時間）国師ヶ岳（2時間）東梓（1時間）富士見（1時間30分）千曲川源流遊歩道分岐（25分）甲武信ヶ岳（15分）甲武信小屋

3日目：甲武信小屋（3時間45分［→p.62］）西沢渓谷入口バス停

奥《おく》秩父《ちちぶ》山塊の主脈というと、一般的には西は小川山《おがわやま》から、東は雲取山《くもとりやま》までを指す。かなり距離があるコースで、主脈完全縦走を目指すと結構な時間を要する。そのため本書では、奥秩父山塊の魅力に触れつつ手軽に楽しめる縦走路として、金峰山《きんぷさん》から大弛《おおだるみ》峠を経て甲武信《こぶし》ヶ岳《たけ》を目指すコースを紹介する。

奥秩父を代表する山・金峰山や、山塊最高峰である北奥千丈岳《きたおくせんじょうだけ》、主脈中央に位置する甲武信ヶ岳といった名山に登れるのも魅力だが、これぞ奥秩父ともいえるコメツガやシラビソの静かな原生林を歩くのがこのコースの醍醐味であろう。国師《こくし》ヶ岳《たけ》から甲武信ヶ岳までの笛吹川《ふえふきがわ》源流部を回り込むように歩く樹林帯の雰囲気が特にすばらしい。苔むした倒木帯が続く尾根歩きは、登山の楽しみが開けた稜線だけではないことを教えてくれる。もちろん展望がないわけではなく、百名山の2つのピークや大弛峠の夢の庭園、北奥千丈岳、両《りょう》門《もん》ノ頭で広がりのある景観を楽しむことができる。

Spectacular Views

金峰山〜甲武信ヶ岳の絶景

大パノラマが広がる 奥秩父最高峰の展望

北奥千丈岳は富士山こそ見えないが、南アルプス、金峰山、八ヶ岳、北アルプス、頸城山塊、浅間山、甲武信ヶ岳方面の大パノラマが楽しめる。

A p.79

見下ろす深い谷と富士山 両門ノ頭展望ポイント

国師ヶ岳から甲武信ヶ岳まではほぼ樹林帯だが、両門ノ頭は迫力満点の展望所だ。笛吹川源流部の深い谷と森、富士山の眺めがすばらしい。

B p.78

コメツガやシラビソの苔むした原生林を歩く。特に国師ヶ岳から甲武信ヶ岳が美しく、これぞ奥秩父縦走の醍醐味。

車で入れる日本最高所の峠、大弛峠に建つ大弛小屋。国師ヶ岳へは小屋の右手の道を入っていく。

PLANNING

金峰山まではp.68を参照。山頂から大きな岩を伝うように下り、砂礫の道をたどって樹林帯へ入る。鉄山《てつざん》は北側の山腹を巻き、急なガレ場をジグザグに登ると朝日岳《あさひだけ》に出る。樹林帯の朝日峠から一度登り、大弛峠へ下っていく。

大弛小屋の右手から樹林帯に入り、木道を歩く。途中夢の庭園への分岐があり、上部で合流する。展望開ける前国師岳からすぐに分岐に出るので、北奥千丈岳を往復してこよう。天狗《てんぐ》尾根分岐を左に折れ、急な道で標高を落とすと、しばらくして最低鞍部の国師ノタルに着く。

少し先の標石のあるピークは2224m峰で東《ひがし》梓《あずさ》ではない。ゆるやかな道をたどって東梓を越え、やがて南側が開けた両門ノ頭に出る。歩きやすい尾根道を歩き、展望のない富士見《ふじみ》からシラビソ林の急な登りで水師《みずし》に向かう。

千曲川《ちくまがわ》源流コースの分岐を過ぎてひと登りで樹林帯を抜け、ガレた岩尾根を登ると甲武信ヶ岳山頂に到着する。下山はp.62を参照。

ADVICE

ゆっくり出発する場合は初日に金峰山小屋に、翌日に甲武信小屋に泊まるとよい。健脚者は2日目に甲武信ヶ岳到着後、下山する1泊2日プランも可能。金峰山小屋、大弛小屋は要予約。

立ち枯れた樹々に囲まれた朝日岳山頂。西側にベンチがひとつあり、金峰山の眺めがよい。

山梨県側は舗装された道になっている大弛峠。一度車道を通って大弛小屋から樹林帯を登る。

前国師岳手前までは木道が続く。「夢の庭園」を経由して登っていくと展望が得られる。

南側の一角が開ける国師ヶ岳。北奥千丈岳や金峰山も望めるが、富士山の眺めが特によい。

縦走路の最低鞍部になる国師ノタル。広く平らで休憩にちょうどよい。周囲はシダも美しい。

せまいピークの東梓。樹林の隙間からかろうじて富士山が見える。休憩は手前の2224m峰がおすすめ。

金峰山～甲武信ヶ岳MAP

8 甲武信ヶ岳から振り返る縦走路。最後は樹林帯を抜け、ガレ場を5分ほど登ると山頂に到着する。

DATA

アクセス

【行き】
瑞牆山荘バス停まで、p.73参照。

【帰り】
西沢渓谷入口バス停から最寄り駅まで、p.67参照。

小屋情報
瑞牆山荘☎0551-45-0521
富士見平小屋
☎090-7254-5698
金峰山小屋
☎0267-99-2030、090-4931-1998（携帯電話）
大弛小屋
☎090-7605-8549
甲武信小屋
☎090-3337-8947

7 水師から下るとすぐに、展望の開けるザレ場がある。甲武信ヶ岳も見え、その山頂までひと息。

瑞牆山《みずがきやま》

花崗岩の岩峰と山頂展望を楽しむ

瑞牆山荘バス停〜富士見平〜瑞牆山（往復）

【 日帰り 】
5時間

技術度
体力度

みずがき林道から見上げる瑞牆山西面。針葉樹の森から
生えるかのような花崗岩の岩峰が特徴の山だ。

花崗岩の山頂から金峰山を望む。北側以外の展望が開け、西は八ヶ岳、南は富士山と南アルプスを遠望できる。

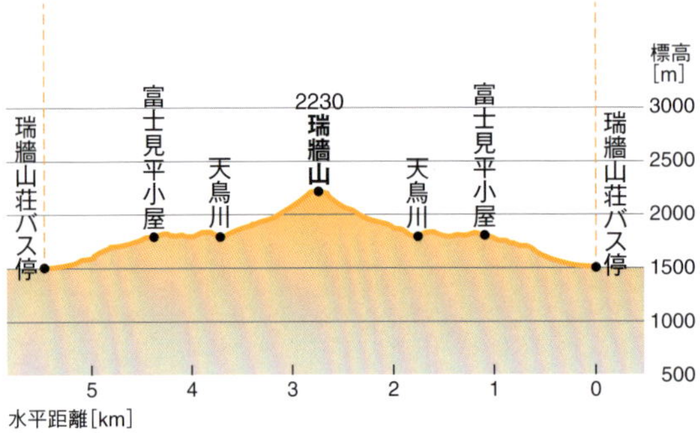

COURSE TIME

瑞牆山荘バス停（50分）富士見平小屋（30分）天鳥川（1時間30分）瑞牆山（1時間）天鳥川（30分）富士見平（40分）瑞牆山荘バス停

標高こそあまり高くない山だが、いくつも岩峰が立ち並ぶ山容は特異であり、この容貌をもってすれば名峰に数え上げられるのは納得のいくところだろう。みずがき林道や自然公園、黒森《くろもり》から望む瑞牆山《みずがきやま》の山容は特にすばらしい。

針葉樹の森からニョキニョキと生えるかのような岩峰を見ると登るのが大変そうであるが、山頂への登山コースは初心者向きである。登山口から山頂までの距離もあまりないので、山深い奥秩父《おくちちぶ》の中では気軽に日帰り登山を楽しめる山だ。休日を中心に登山者が多く、せまい山頂が人でいっぱいになるほどだ。

山頂までは沢状の道をたどるために展望はあまりないが、樹林から抜け出た岩峰の山頂は展望がすばらしい。北側こそ樹々が茂っているが、その他の方角、金峰山《きんぷさん》から富士山、南アルプスや八ヶ岳の大パノラマが広がる。山頂が岩峰というのもこの山の特徴で、足元が切れ落ちた絶壁のため、高度感のある景観を楽しむことができる。

瑞牆山の絶景

これぞ瑞牆山
花崗岩の岩峰が見えるポイント

瑞牆山荘からの往復コースだと、樹林の隙間からしか瑞牆山を望むことができない。天鳥川に下る手前がおすすめのポイント。

A p.85

山頂から見下ろす岩塔
巨大な花崗岩・大ヤスリ岩

山頂の西側直下には大ヤスリ岩と呼ばれる、迫力ある大きな岩塔がある。日によっては登っている人がいるので、よく見てみよう。

B p.85

山頂が近くなると大ヤスリ岩の基部を通って急坂を歩く。仰ぎ見る岩塔は高さがあり、なかなかの迫力だ。

山頂からは富士山の展望がすばらしい。途中に高い山が邪魔しないので、きれいに裾野を広げた富士山が望める。

PLANNING

瑞牆山荘前の登山口から歩き始め、一度林道を横切って急な坂を登る。里宮《さとみや》神社への分岐を過ぎると、樹林の隙間から瑞牆山の見えるベンチに着く。ここからはゆるやかな道で、左手から林道が合流すると富士見平《ふじみだいら》は近い。

富士見平小屋の左手から尾根を回り込んで下っていき、小川山《おがわやま》への分岐を見送ると天鳥川《あまとりがわ》に出る。川を徒渉すると桃太郎岩と呼ばれる割れ目の入った大岩が見える。桃太郎岩の右手から木製の階段を登り、沢状の地形に沿って登る。所々岩が滑りやすく、ロープが張ってある。

次第に両岸がせばまり、大きな岩を見るようになる。短いが急坂が続くので焦らず進もう。せまい岩の隙間をくぐると大ヤスリ岩の基部に出て、山頂部と大ヤスリ岩の間を登っていく。やがて南側の展望が開け、頂上直下で不動《ふどう》沢からの道と合流する。山頂北側の樹林帯からロープの張られた岩を登り、短いハシゴを上がると一気に展望が開け、瑞牆山山頂に到着する。

ADVICE

歩行距離が短く、初心者向けの山だが、雨後のあとは特に岩が滑りやすいので注意しよう。休日は非常に混雑するので、時間に余裕を持ちたい。

バス停終点の瑞牆山荘。軽食も取れるので、下山後におすすめ。山荘の向かいから登山道に入っていく。

一度林道を横切り、「里宮さん参道入口」の看板からふたたび登山道に入っていく。

里宮神社の少し上で、ベンチのある平らな場所に出る。樹々の間からは瑞牆山の岩峰が見える。

富士見平から下り切って、天鳥川の源流を徒渉する。渡ったところにはベンチがある。

天鳥川を渡ると、亀裂の入った大きな岩「桃太郎岩」を右から過ぎて、木製の階段を登る。

標高を上げるにつれて登山道には大きな岩が目立つようになる。岩塔の基部まで来たら、あともう少し。

8

最後に短いロープとハシゴの付いた岩を登ると、大展望の山頂に着く。奥に八ヶ岳が見える。

DATA

アクセス

【往復】

JR中央本線韮崎駅
↓山梨峡北交通バス　約1時間15分　2060円
瑞牆山荘バス停

山梨峡北交通☎0551-42-2343

小屋情報

瑞牆山荘☎0551-45-0521
富士見平小屋☎090-7254-5698

7

山頂と岩塔の間を縫うように登り、不動沢からの道と合流して山頂へ。この辺りは南側が開けて明るい。

関東周辺の山
13

大菩薩嶺《だいぼさつれい》

展望の稜線漫歩が気軽に楽しめる百名山の山

上日川峠バス停～福ちゃん荘～
大菩薩峠～大菩薩嶺～丸川峠～
大菩薩峠登山口バス停

【日帰り】
5時間10分

技術度
体力度

大菩薩峠の南西面は笹原が広がっており、南アルプスと
甲府盆地の景色が一望できる。

峠からひと登りの親不知ノ頭に立つと、休憩舎の建つ賽ノ河原とその先に続く稜線が見える。

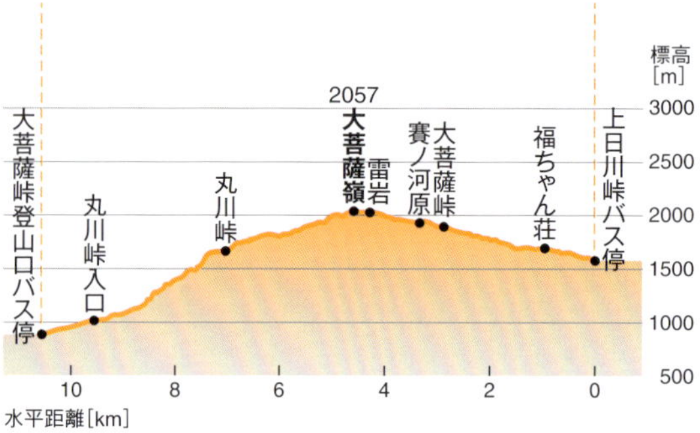

COURSE TIME

上日川峠バス停（25分）福ちゃん荘（50分）大菩薩峠（10分）賽ノ河原（45分）雷岩（10分）大菩薩嶺（1時間10分）丸川峠（1時間20分）丸川峠入口（20分）大菩薩峠登山口バス停

奥《おく》秩父《ちちぶ》山塊の南端は大菩薩《だいぼさつ》連嶺と呼ばれる峰々で構成され、その連嶺の最高峰が大菩薩嶺だ。

大菩薩嶺の南東に位置する大菩薩峠は、古くは武蔵《むさし》国と甲斐《かい》国を結ぶ甲州《こうしゅう》街道の裏街道・青梅《おうめ》街道の峠として利用されていた。また中里介山の時代小説で扱われてから、その名は世に広く知れ渡った。その後、深田久弥が大菩薩嶺を日本百名山に選出し、今では週末を中心に多くの登山者で賑わう山となっている。

この山の魅力はなんといっても稜線からの展望にあるだろう。山頂こそ展望はないが、大菩薩峠から雷岩にかけては広く開けた笹原の稜線が続く。南アルプスの峰々、凛とした姿の富士山、見下ろす甲府《こうふ》盆地などのすばらしい展望台となっている。

また、標高1580mの上日川《かみにっかわ》峠まで路線バスが入るので、労力少なく稜線歩きができるのもありがたい。雷岩から唐松《からまつ》尾根で下る周回路を使えば、初心者やハイカーでも気軽に充実した山歩きを楽しむことができる。

大菩薩嶺の**絶景**

まずは定番の大展望 大菩薩峠の絶景

展望を楽しむならまずは大菩薩峠だ。甲府盆地の上にそびえる南アルプスの山並みはまさに絶景。ぜひ天気のよい日に歩きたい。

A p.90

同じ稜線でもだいぶん違う 富士山の展望はここがおすすめ

大菩薩峠だと熊沢山から延びる尾根が邪魔をして富士山が見えない。稜線を進むにつれて次第に姿を現す。よく見渡せるおすすめスポットは雷岩。

B p.90

標高2000m地点には標柱が立つ。稜線は南西の展望が常に開ける上、勾配もゆるやかなのが心地よい。

三角点のある大菩薩嶺山頂は、樹林に囲まれて静かな雰囲気が漂っている。

PLANNING

上日川峠のバス停に建つロッヂ長兵衛の右横から林道に入ると、すぐ左手に登山道が見える。そのまま林道を歩いても特に問題はない。大菩薩嶺の稜線が見える福ちゃん荘の前に出て、唐松尾根との分岐を右に取り、大菩薩峠へ向かう。介山荘《かいざんそう》の建つ大菩薩峠まではゆるやかな道が続き、小屋の裏手から大菩薩峠へ上がる。

展望広がる大菩薩峠から一旦登ったところが親不知《おやしらず》ノ頭で、下ると休憩舎のある賽《さい》ノ河原だ。展望を楽しみながらゆるい登りで稜線を歩き、雷岩の分岐から樹林帯に入る。少しの登りで、樹林に囲まれた大菩薩嶺の山頂に到着する。

山頂からは北側斜面の苔むしたコメツガの原生林を下る。やがて視界が開けると丸川《まるかわ》峠が見下ろせ、丸川荘のある峠に出る。丸川峠からは樹林の急坂を下り、尾根末端で右に折れて林道に出る。丸川峠入口の駐車場から車道を下り、大菩薩峠登山口バス停のある売店に着く。

ADVICE

初心者であれば登頂後に雷岩分岐に戻り、唐松尾根を下って上日川峠へ戻る周回コースでも十分に楽しめる。新緑は５月下旬から６月中旬、紅葉は10月中旬から下旬が見頃。大菩薩峠は夜景も見られる場所なので、小屋泊もおすすめ。

8 茶屋がある大菩薩峠登山口のバス停。ここから約10分歩いて大菩薩の湯に寄るのもよいだろう。

1 バス終点の上日川峠。道路沿いにはロッヂ長兵衛が建つ。右手の林道をたどって福ちゃん荘へ。

2 福ちゃん荘の建つ唐松尾根の分岐点。峠方面の道にはトイレがある。小屋前からは稜線が見える。

3 厳しい登りがあるわけでもなく、峠までの道はいたってゆるやか。富士山が眺められる平らな場所もある。

4 峠の真下を過ぎてから、介山荘を回り込んで峠に出る。左に行くと峠、右にはトイレがある。

6 山頂から丸川峠までは北面を歩くので若干暗いが、苔むした原生林を楽しむことができる。

5 稜線と唐松尾根、山頂へ向かう道の三叉路となる雷岩。ここから樹林に入り、山頂へ向かう。

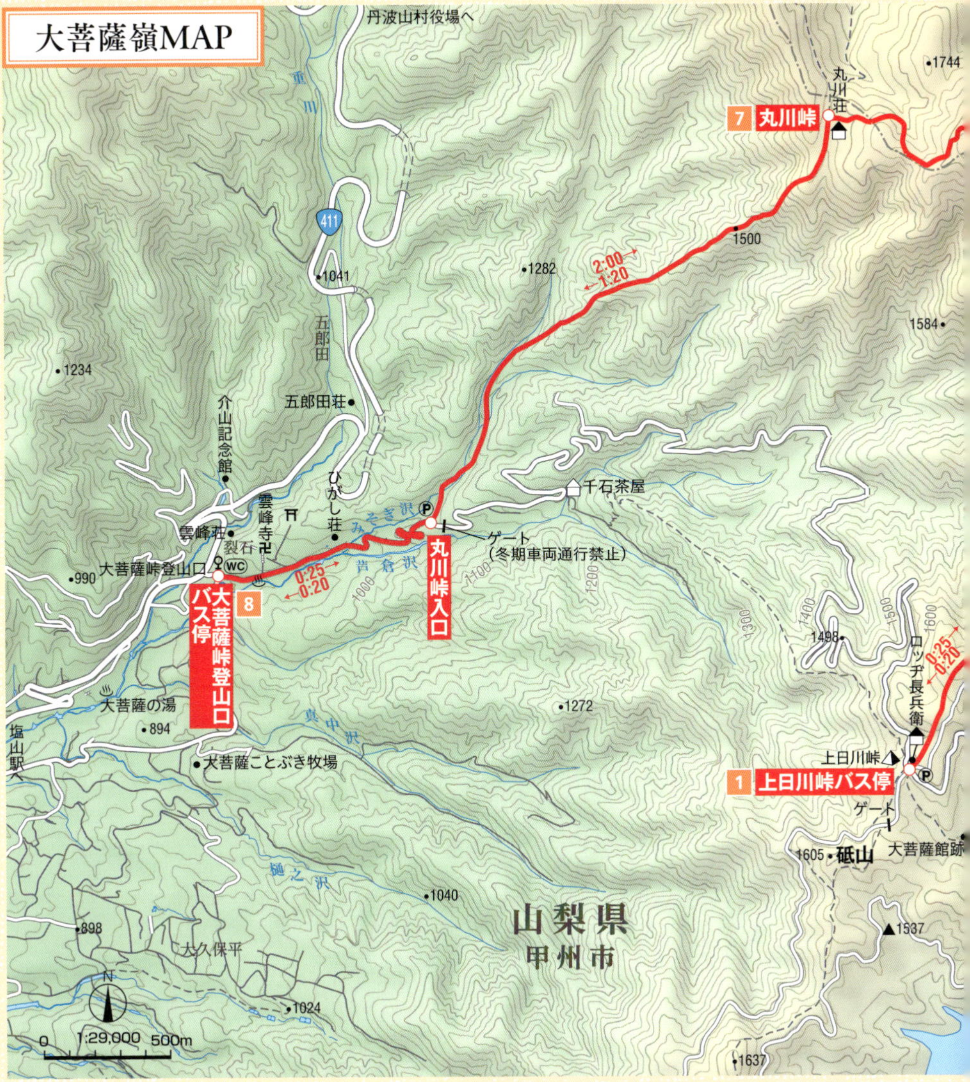

DATA

アクセス

【行き】
JR中央本線甲斐大和駅
↓栄和交通 約41分 1000円
上日川峠バス停

【帰り】
大菩薩峠登山口バス停
↓山梨交通バス約27分300円
JR中央本線塩山駅

栄和交通☎0553-26-2344
山梨交通バス
☎055-223-0821

小屋情報

ロッヂ長兵衛
☎0553-33-4641、
☎090-3149-0964
福ちゃん荘
☎090-3147-9215
富士見山荘
☎090-4956-3630
介山荘
☎0553-33-2816、
☎090-3147-5424
丸川荘
☎090-3243-8240

一帯が開けて気持ちのよい丸川峠。富士山の展望がよいのでゆっくり休憩しよう。

関東周辺の山
14

乾徳山《けんとくさん》

展望と岩場登りが楽しめる日帰り人気コース

乾徳山登山口バス停～扇平～乾徳山～道満山～乾徳山登山口バス停

【 日帰り 】
7時間10分
技術度
体力度

下山道から振り返る乾徳山。山頂部は岩場となっており、
三角錐の端正な山容を見せる。

山頂直下、鳳岩の岩場登り。クサリを頼りに垂直15mの岩を登る。不安であれば右手にある迂回路を利用しよう。

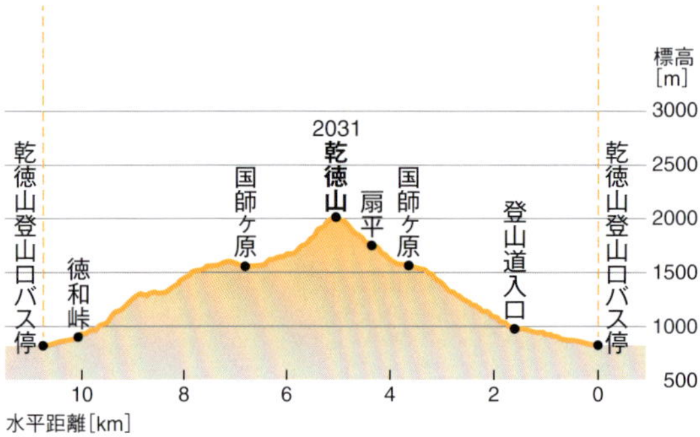

COURSE TIME

乾徳山登山口バス停（20分）登山道入口（1時間40分）国師ヶ原（45分）扇平（1時間）乾徳山（1時間40分）国師ヶ原（1時間30分）徳和峠（15分）乾徳山登山口バス停

乾《けん》徳山《とくさん》は、黒金山《くろがねやま》から南に派生する尾根の上にある岩峰のピークだ。黒金山は、奥秩父の最高峰・北奥千丈岳《きたおくせんじょうだけ》から西沢《にしざわ》渓谷の源流部を回り込むように延びる尾根上の山で、奥秩父《おくちちぶ》山塊からやや南にそれたところにある。

甲州《こうしゅう》市塩山《えんざん》から見上げれば立派な山容だが、山中から見れば尾根上の1ピークでしかない。それでも日帰り登山コースとして人気が高いのは、適度な樹林歩き、開けた草原、クサリの付いた本格的な岩場などを手軽に楽しめるからだろう。コースをうまくつなげば、8の字で周回できるため、飽きさせることがない。

昔は放牧地だった見晴らしのよい国師《こくし》ヶ原《はら》の草原もよいが、いちばんの魅力は山頂付近の岩場だろう。岩場に架かるクサリはスリリングで、特に山頂直下の鳳岩《おおとりいわ》は登りごたえがある。そしてその大岩を越えてたどり着く山頂には、2000m級の山とは思えない大展望が広がる。奥秩父はもちろん、奥多摩《おくたま》や富士山、南アルプスの眺めが壮観である。

Spectacular Views

乾徳山の絶景

2000m峰でも侮るなかれ
岩の山頂は360度の大展望

稜線に突き出た岩の山頂は大展望。富士山、南アルプス、奥秩父の絶好の展望台だ。写真は唐松尾山～飛龍山、奥多摩、大菩薩嶺の眺め。

A p.97

休憩にもぴったり
樹林を抜け出して高原へ

樹林帯を抜けた国師ヶ原からひと登り、扇平に出ると広々とした草原が広がる。岩登りの前に景色を楽しみながら、ゆったり休憩がおすすめ。

B p.97

鳳岩だけでなく、途中のクサリ場もなかなか高度感がある。岩が削れて丸くなっているのでスリップに注意しよう。

山頂から山々に囲まれた甲府盆地を遠望する。岩場登りもあるので、天気のよい日を選んで登りたい山だ。

PLANNING

乾徳山登山口のバス停から民宿山登旅館を過ぎて、しばらくすると未舗装の道になり、看板のある登山口から山道に入っていく。

一度林道を横切り、水量の少ない水場の銀晶《ぎんしょう》水《すい》を過ぎると、尾根筋を登るようになる。古い林道跡にある駒止の標識を過ぎてやや急な登りとなり、水量のある錦晶水《きんしょうすい》に着く。ゆるやかな登りで乾徳山が見える国師ヶ原に出る。

道が交差する国師ヶ原の四辻《よつじ》を直進し、樹林を抜けて草原に出る。大きな月見岩《つきみいわ》で左折し、扇平《おうぎだいら》の看板からふたたび樹林に入っていく。木製のハシゴを登るとクサリ場が現れる。山頂直下の鳳岩を登れば、展望広がる頂上に到着だ。

下山は黒金山方面へ下り、分岐を左に折れて樹林の急坂を下る。平らな道になるとトイレのある避難小屋に出る。四辻に戻って東の道を取り、林道から道満《どうまん》尾根を下ろう。展望のない道満山山頂を過ぎるとやや急な道となり、徳和《とくわ》峠から車道に出る。少し歩けばバス停だ。

ADVICE

山頂直下の鳳岩は三点支持で確実に登りたい。他のクサリ場も足元が滑りやすいので、雨天時などは十分に気をつけること。マイカーであれば大平高原から往復するのが最も近い。

乾徳山登山口バス停。西沢渓谷行きのバスをここで途中下車し、しばらくは舗装道を歩いていく。

林道を歩くこと約20分、右手に登山口がある。大きな看板があるので見落とすことはないだろう。

樹林帯を抜けると国師ヶ原の交差点である四辻に出る。山頂は直進、道満山の下山道は右手になる。

月見岩と呼ばれる岩を過ぎ、草原の扇平に出る。山頂部には樹林を左手から入っていく。

しばらく樹林帯を登ってから岩場登りが始まる。岩場はスリップに注意。焦らず慎重に登りたい。

6 垂直の鳳岩を登り切ると山頂に出る。2000m峰とは思えないほどの高度感と開放感が楽しめる山頂だ。

7 国師ヶ原からきれいに整備された林道を歩く。途中で林道をショートカットしながら道満尾根に入る。

8 徳和峠からひと歩きで林道に出る。獣害防止用のゲートを通って乾徳山登山口のバス停に下る。

DATA

アクセス

【往復1】
JR中央本線山梨市駅
↓山梨市営バス　約32分　400円
乾徳山登山口バス停

【往復2】
JR中央本線塩山駅
｜山梨貸切自動車（路線バス）
↓約32分　660円
乾徳山登山口バス停

山梨市役所総務課☎0553-22-1111
山梨貸切自動車☎0553-33-3141

関東周辺の山 15

両神山《りょうかみさん》

岩稜と展望の百名山を登る

日向大谷口バス停～清滝小屋～両神山～東岳（往復）

【 日帰り 】

8時間15分

技術度

体力度

秩父の山、簑山から望む両神山夕景。奥深くにある山で、
日向大谷の登山道から山容が望めるところはない。

山頂でようやく展望が開ける。思いのほか眺めがよく、北アルプスや八ヶ岳、谷川連峰までよく見える。

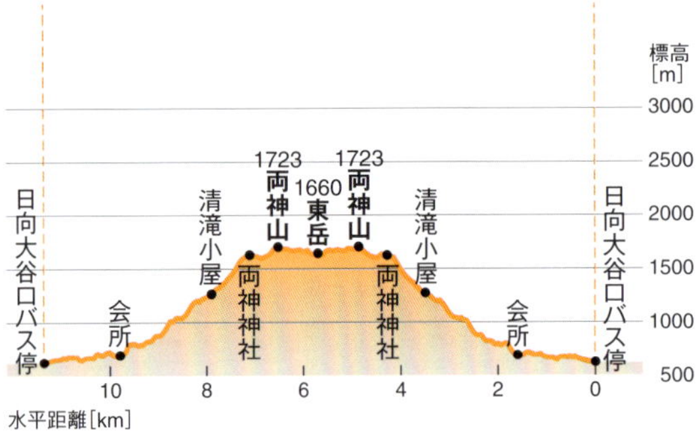

COURSE TIME

日向大谷口バス停（40分）会所（1時間50分）清滝小屋（1時間）両神神社（40分）両神山（30分）東岳（40分）両神山（35分）両神神社（40分）清滝小屋（1時間10分）会所（30分）日向大谷口バス停

奥《おく》秩父《ちちぶ》山塊の北端に位置する両《りょう》神山《かみさん》。奥秩父に属するが、主たる稜線からは離れ、また秩父の山々からも離れた奥深くにある山である。険しい岩稜が特徴で、八丁《はっちょう》峠から西岳、東岳を経て山頂へ至る道は連続するクサリ場でも有名だ。

本書では日向大谷《ひなたおおや》からの往復コースを紹介する。八丁峠から山頂を目指すコースに比べれば、多少のクサリ場はあるが、だいぶ登りやすい。

登山コースはほとんど樹林に覆われているが、山頂は展望がすばらしく、奥秩父の山々はもちろん、富士山、甲斐駒《かいこま》ヶ岳《たけ》や八《やつ》ヶ岳《たけ》、北アルプスの展望が広がる。そのほか浅間山《あさまやま》や、空気が澄んでいれば谷川《たにがわ》連峰まで見渡すことができる。

山頂付近で咲くアカヤシオが有名で、見頃は新緑の前の5月上旬から中旬あたりになる。10月中旬が見頃の紅葉も美しい。

日帰りも可能だが、歩行時間8時間のロングコースだ。食料や寝袋を持参して、両神清滝《きよたき》小屋に泊まるのもよいだろう。

両神山の絶景

Spectacular Views

山頂は大パノラマ さまざまな名山の展望台

山頂の展望は北西側が特によく、岩場の赤岩尾根越しに北アルプスがずらりと見える。写真は剱岳から後立山連峰の山並み。

A p.103

クサリ場にチャレンジ 東の展望は東岳がおすすめ

東側の展望を楽しむには東岳がおすすめ。山頂はせまいものの、ベンチもあるので休憩も可能。左奥の尖った山は武甲山だ。

B p.103

水場もある両神清滝小屋。営業はしていないが一部開放しているので、避難小屋として利用できるのがありがたい。

産泰尾根に取り付いてからはクサリ場が連続する。足場はしっかりしているので焦らず登っていこう。

PLANNING

日向大谷口バス停から道なりに歩き、両神山荘の手前で登山口に入る。バス停から急な階段で両神山荘に出ることもできる。歩き始めてほどなくして鳥居をくぐり、一度小さな沢を過ぎて七滝沢コースとの分岐の会所に出る。

会所から一段下って七滝沢を渡り、この先薄《すすき》川《がわ》を４回徒渉して沢通しで登っていく。最後の徒渉から左岸を歩き、しばらくして八海山《はっかいさん》の看板で右に折れて急坂を登る。この急坂は長くは続かない。登り切るとすぐに白藤の滝分岐の看板が立ち、弘法の井戸まで来れば両神清滝小屋まではあとひと登りだ。

小屋の裏手から登り、鈴ヶ坂の標柱を過ぎると産泰尾根に出る。ここから先はクサリやロープが架かる道が連続する。両神神社で一度道はゆるくなるが、山頂直下にかけて急な登りとなる。稜線に出てベンチをひとつ見送ると、山頂直下のクサリが架かる岩場を登り、両神山の山頂に立つ。余裕があれば東岳を往復しよう。

ADVICE

クサリ場は産泰《うぶたい》尾根に取り付いてから山頂までの間。樹林帯なので高度感はあまりないが、スリップに注意しよう。東岳へは、両神山山頂直下のクサリ場２箇所のみ注意すれば問題ない。

8

2箇所のクサリ場の下りだけ注意すれば、あとは落ち着いた道が続く。山頂にベンチあり。

1

バス停から急な階段を登ったところにある民宿両神山荘。ここを左に折れて登山道に入っていく。

2

七滝沢コースとの分岐となる会所。一段下った沢沿いは広くなっていて、ベンチもある。

3

会所から八海山までの間に4回ほど徒渉する。目印は多いので迷うことはないが、増水時は注意したい。

4

八海山の標柱から沢を離れ、急な坂を登っていく。急登は長く続かず、すぐに白藤の滝分岐に出る。

5

クサリ場を越え、勾配が落ち着くと両神神社に出る。ひと呼吸置いたら神社の左手から山頂へ向かう。

6

両神神社から一度落ち着いた道になるが、山頂へ近づくにつれ、ふたたび岩場を登っていく。

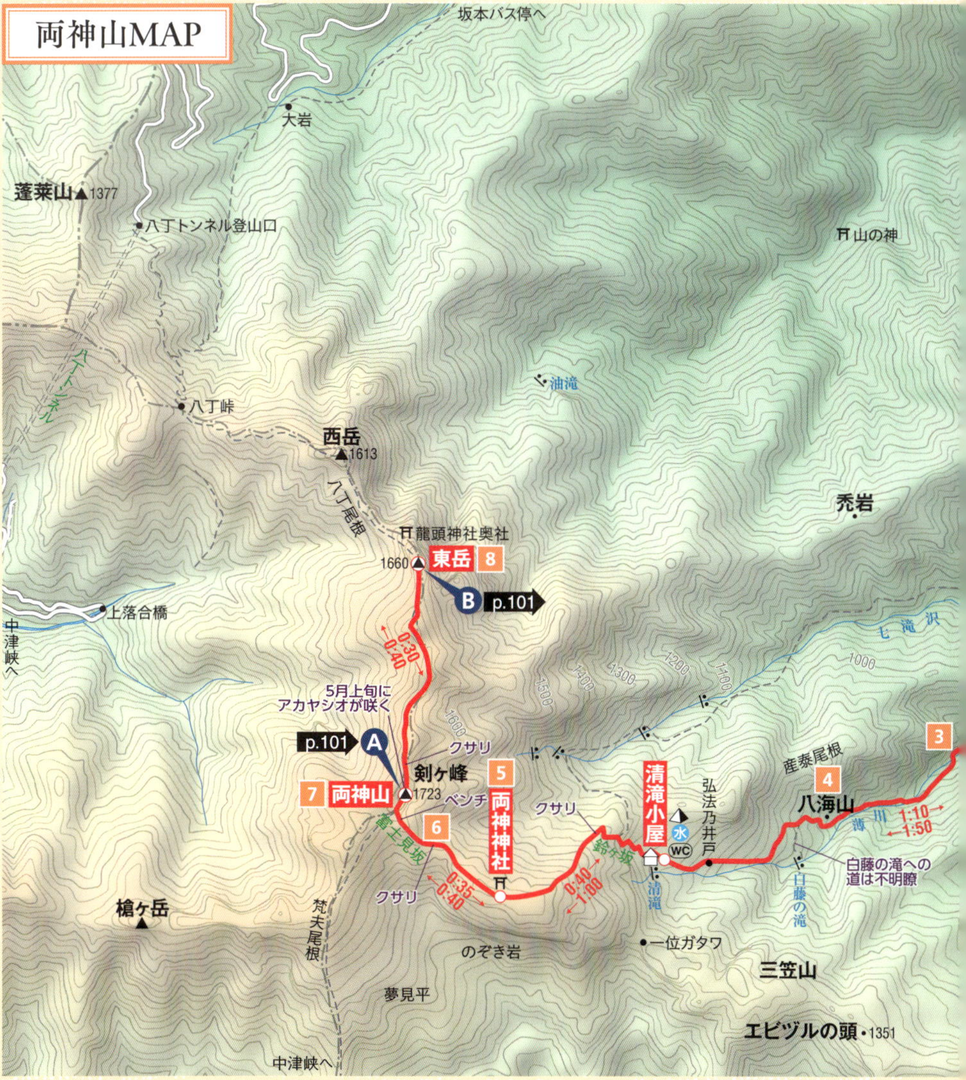

DATA

アクセス

【往復1】
秩父鉄道三峰口駅
↓小鹿野町営バス　約18分
↓400円（乗継券もらう）
薬師の湯バス停
↓小鹿野町営バス　約35分
日向大谷口バス停

【往復2】
西武鉄道西武秩父駅
↓小鹿野町営バス　約49分
↓500円（乗継券もらう）
薬師の湯バス停
↓小鹿野町営バス　約35分
日向大谷口バス停

小鹿野町営バス
☎0494-79-1122
（小鹿野町役場両神庁舎）
西武観光バス
☎0494-22-1635

小屋情報
両神山荘
☎0494-79-0593

稜線に出たところでベンチを見送り、最後にクサリの架かる切り立った岩場を登り切れば山頂だ。

高尾山～陣馬山《たかおさん～じんばさん》

裏高尾から陣馬山へ向かうロングハイキングコース

高尾山口駅～
高尾山～小仏峠～
景信山～陣馬山～
和田バス停

【 日帰り 】

6時間50分

技術度 ■□□□□
体力度 ■■□□□

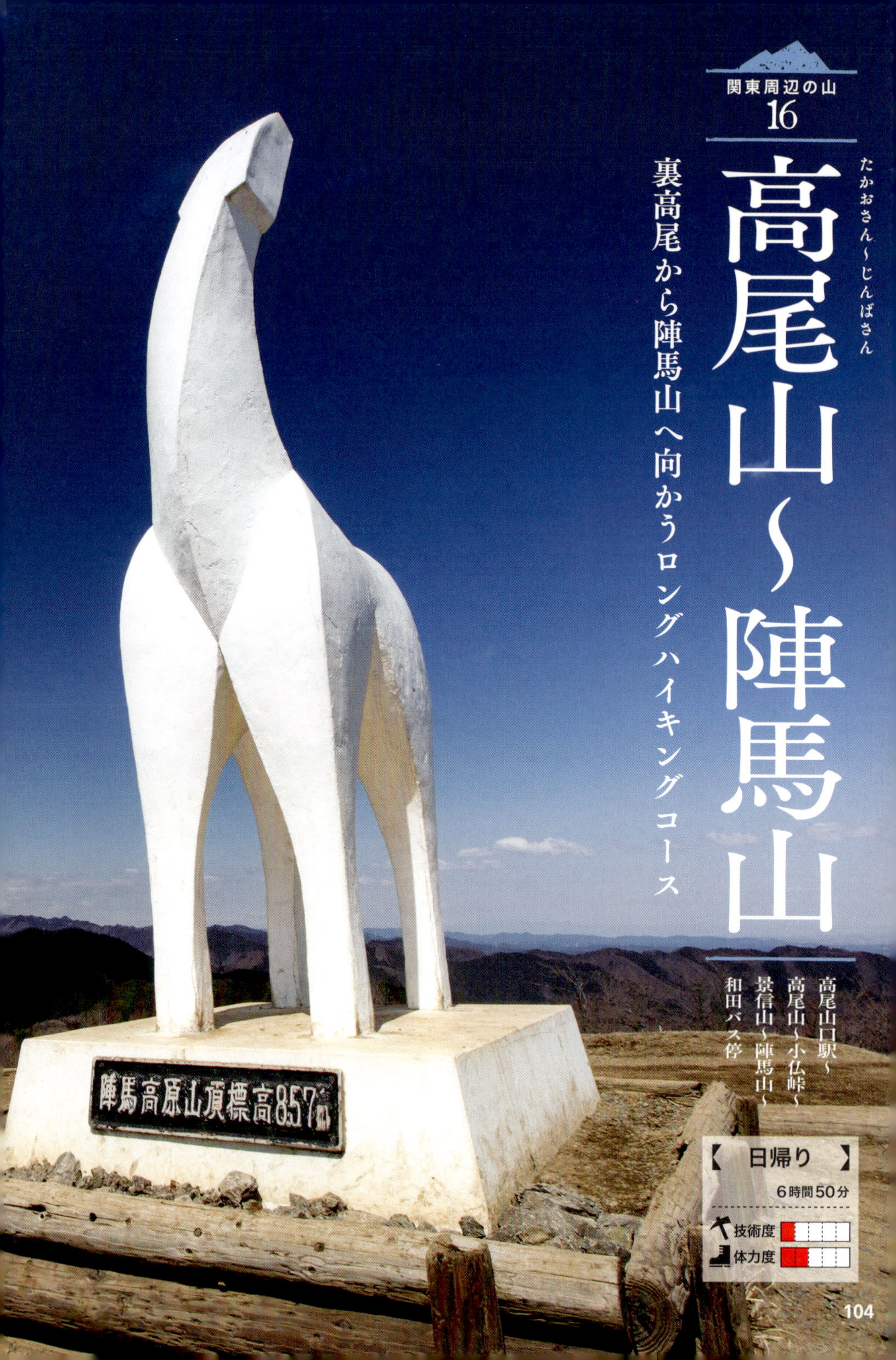

標高857mの陣馬山山頂にはシンボルの白馬像が立つ。
広い山頂は展望もよく、富士山の見晴らしもよい。

きれいに整備された高尾山山頂。ケーブルカーも利用できるので、休日を中心に多くの観光客で賑わう。

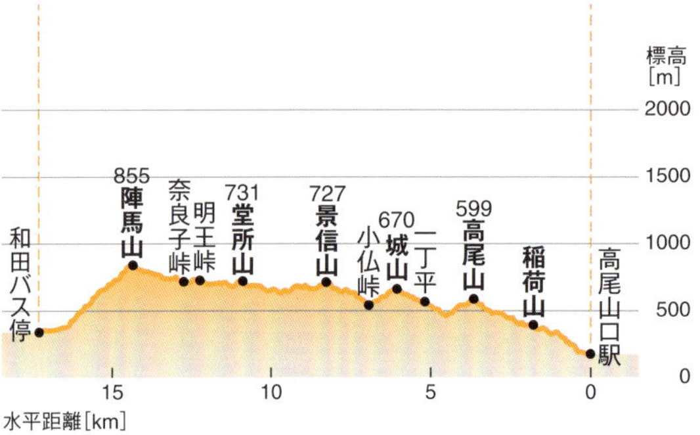

COURSE TIME

高尾山口駅（45分）稲荷山（45分）高尾山（30分）一丁平（30分）城山（20分）小仏峠（40分）景信山（50分）堂所山（25分）明王峠（10分）奈良子峠（40分）陣馬山（55分）和田バス停

高《たか》尾《お》山《さん》は東京都八王子《はちおうじ》市にあり、アクセスのよさ、歩きやすさから季節を問わず多くの人が訪れる山である。明治の森高尾国定公園に指定されており、都心の近くでありながら自然林が保たれ、多様な植物を見ることもできる。また、山腹に高尾山薬王院《やくおういん》があり、ケーブルカーのおかげで参拝客も非常に多い。

一方陣馬山《じんばさん》は八王子市と神奈川県相模原《さがみはら》市の境にある山で、中央本線をはさんで高尾山の西に位置する。山頂部は広々としていて、開放感のある景観が楽しめ、週末中心に人気が高い。

この高尾山と陣馬山を結ぶ道は奥高尾縦走路と呼ばれる縦走コースの一部でもあり、ハイカーや登山者によく歩かれている。登山道は整備されて歩きやすく、コース中に茶屋がいくつもあるので、気楽に縦走を楽しめるのが特徴だ。展望ポイントも多く、都心の街や丹沢《たんざわ》山塊、富士山の眺めがよい。縦走中、ピークを越えるというほどの大きな標高差はないが、距離はあって歩き甲斐がある。

高尾山～陣馬山の**絶景**

東京からでも大きく見える！高尾山から望む富士山

高尾山山頂は富士山の展望がよい。空気の澄む秋～春先がおすすめ。毎年12月22日頃に夕日が富士山の真上に沈む「ダイヤモンド富士」も見られる。

A p.108

眼下に広がる首都圏の眺めは景信山がおすすめ

街と山の眺めという点では一番の展望を誇る景信山。山頂には２軒の茶店があり、人気のなめこ汁を食べながらのんびりしたいところだ。

B p.109

人気のハイキングコースなので整備が行き届いており、どこも歩きやすい。写真は高尾山直下の登り。

茶屋のある城山は明るく開け、のどかな風景が広がっている。小仏峠から先は山らしい道になっていく。

PLANNING

高尾山口駅から小道を進み、高尾山ケーブルカー清滝《きよたき》駅左手の稲荷山《いなりやま》コースの登山口から入山する。登り始めはやや急だが、すぐに旭稲荷に出て、２度ほどアップダウンを繰り返すとあずまやのある稲荷山に着く。しばらくはゆるやかな道で、琵琶滝の分岐を過ぎ、５号路と交差すると階段を登って、山頂の大見晴園地だ。

高尾山から西側に下り、５号路を横断して登り返すともみじ台、その先鉄塔の横を歩けば一《いっ》丁平《ちょうだいら》は近い。一丁平の展望台からはゆるやかな登りで、広々とした城山《しろやま》山頂に着く。

城山茶屋の奥を進み、小仏《こぼとけ》峠へ下る。登り始めは急坂だが、景信山《かげのぶやま》が見えるとゆるやかになり、山頂直下で急坂を登って茶屋に出る。

景信山からは笹が茂る道を下る。送電鉄塔の脇を通り、巻き道もある小さなピークをいくつか越える。茶店のある明王《みょうおう》峠を過ぎ、奈良子《ならこ》峠から急坂を登り、ゆるい道から階段の道になると陣馬山に到着する。下りは一ノ尾根から途中で右に折れ、民家の間から車道に出て和田《わだ》へ。

ADVICE

一丁平のサクラの見頃は例年４月中旬。陣馬山から高尾駅行きのバスが出る陣馬高原下バス停に下っても時間はあまり変わらない。

8 陣馬自然公園センターのある和田。バスの本数は多くないので、事前に時間を調べておこう。

1 高尾山口の駅から徒歩約5分、ケーブルカー清滝駅のすぐ左手の稲荷山登山口から登り始める。

2 東京スカイツリーも見える稲荷山展望台。展望を楽しみながら、ここでひと呼吸入れるとよいだろう。

3 春はヤマザクラの並木の名所となっている一丁平。あずまやの前は展望台で、丹沢や富士山の眺めがよい。

4 タヌキの置物がある小仏峠の分岐。右手が小仏のバス停へ向かう道で、景信山へは左の道を進む。

6 明王峠には不定期営業の茶店とトイレがある。縦走路ではありがたい休憩ポイントだ。

5 登り切った景信山には2軒の茶店がある。三角点は小屋の北側、西側の展望が開けたところにある。

高尾山～陣馬山MAP

DATA

アクセス

【行き】

京王線新宿駅
↓ 京王線
約1時間　390円
京王線高尾山口駅

【帰り】

和田バス停
↓ 津久井神奈交バス
約14分　250円
JR中央本線藤野駅

津久井神奈交バス
☎0463-22-8833

週末は多くの登山者で賑わう陣馬山山頂。笹原が広がり展望もよい。ゆっくり休憩して和田に下ろう。

関東周辺の山 17

妙義山《みょうぎさん》

奇岩のクサリ場を越えて表妙義の山腹を歩く

中之岳駐車場〜第四石門〜タルワキ沢出合〜妙義ふれあいプラザバス停

【日帰り】

3時間15分

技術度 ■■■□□

体力度 ■□□□□

見晴らしのよい天狗の評定から、表妙義最高峰の相馬岳を筆頭とした白雲山を望む。荒々しい山容が特徴の山だ。

奇岩が織りなす絶景が楽しめるのがこの山の魅力だろう。新緑、紅葉の季節に登るのがおすすめ。

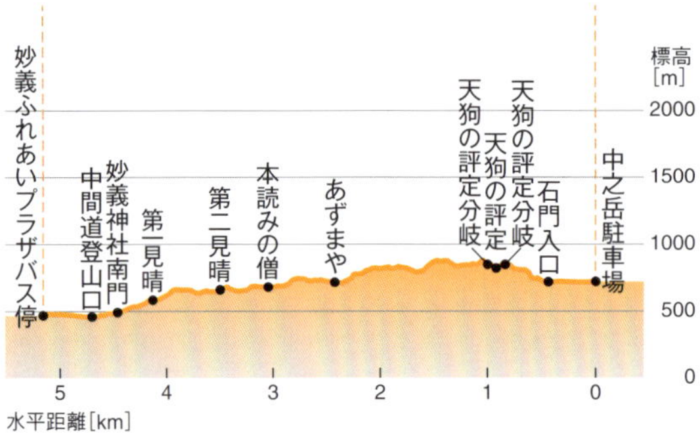

COURSE TIME

中之岳駐車場（10分）石門入口（35分）天狗の評定分岐（5分）天狗の評定（5分）天狗の評定分岐（45分）あずまや（25分）本読みの僧（25分）第二見晴（20分）第一見晴（10分）妙義神社南門（5分）中間道登山口（10分）妙義ふれあいプラザバス停

群馬県の西側、長野県との県境の下仁田町《しもにたまち》と安中市《あんなかし》、富岡市《とみおかし》の境に位置し、峻厳な岩峰がいくつもそびえ、荒々しい山容が特徴の山である。

妙義山《みょうぎさん》とはさまざまなピークの総称で、南の表妙義と北の裏妙義で分けられる。本書では表妙義のコースを紹介しているが、表妙義とは金洞《こんどう》山《ざん》、白雲山《はくうんざん》、金鶏山《きんけいさん》の総称で、さらに金洞山は中之岳《なかのだけ》、西岳、東岳、白雲山は相馬岳《そうまだけ》、天狗岳《てんぐだけ》などで構成されている。

山容を見てわかる通り、稜線は非常に厳しい道のりで上級者向けである。手軽に妙義山を楽しみたい人は、ちょっとしたクサリ場のある奇岩の石門めぐりと山腹を歩く中間道のハイキングコースがおすすめだ。天狗の評定から眺める金洞山や白雲山の景観は実に見ごたえがある。

おすすめの時期は、山麓の桜が咲き乱れる4月下旬から新緑期の5月、紅葉の11月初旬だ。中間道を歩いた先には日帰り温泉施設もあるので、快適なハイキングが楽しめる。

妙義山の絶景

45種、約5000本の桜 奇岩と花のコラボレーション

さくらの里には約5000本もの桜が植えられ、春の妙義山はまさに絶景。例年の桜の見頃は4月下旬から5月上旬。

A p.115

クサリ場を越えて 高度感たっぷりの展望台

コース中随一の展望台、天狗の評定。白雲山や石門、振り向けば金洞山とすばらしい眺めだが、周囲は切れ落ちているのでちょっと怖いかも。

B p.115

第二石門の通過は慎重に行こう。登りきったところはせまく、下りの「つるべさがり」が長いクサリ場となっている。

第一見晴で開ける展望。奥には金鶏山が見える。後半はのんびり歩いて景色を楽しむハイキングコースだ。

PLANNING

中之岳駐車場から県道196号を歩いて、道沿い左手の石門入口から登り始める。第一石門、カニの横バイを通り、第二石門をくぐって、つるべさがりの長いクサリ場を下り、第四石門へ向かう。第三石門は往復して見るだけとなる。

第四石門からすぐに天狗の評定、大砲岩への分岐に出る。急な岩場でクサリが２箇所あるが、展望がすばらしいのでぜひ往復しておきたい。

分岐に戻って中間道を進む。岩のひさしの下をくぐって、長い鉄階段を注意して下る。樹林の中のあずまや、中間点である本読みの僧の石仏を過ぎると、相馬岳への登山路となるタルワキ沢出合に出る。

ここからは落ち着いたハイキングコースが続き、第二見晴、第一見晴を通って中間道登山口へと出る。下山前に妙義神社に立ち寄ってもよい。県道に出てからは約10分ほどで日帰り温泉の「もみじの湯」、上州富岡駅行きのバス停に着く。１時間ほど歩けばJR信越本線松井田駅へ向かうこともできる。

ADVICE

下仁田駅から中之岳駐車場までのバスはないので、タクシーかマイカーを利用。第二石門の通過は道がせまく、岩も滑りやすいので注意。

8 富岡市立妙義ふるさと美術館から白雲山を振り返る。一段下には日帰り温泉もみじの湯がある。

1 中之岳駐車場から仰ぐ金洞山の偉容。奇岩の迫力で堂々とした姿だが、標高はあまり高くない。

2 駐車場から約10分の石門群登山道の入口。クサリ場が苦手であれば迂回路で第四石門へ行くのが安心。

3 くぐるだけの第四石門。周辺にはあずまやとベンチがある休憩ポイント。すぐ先に天狗の評定がある。

4 鎖場を2箇所越え、天狗の評定から振り返る金洞山。ここは立ち寄りポイントなので通過も可能だ。

6 ひっそりと置かれている本読みの僧の石仏。ここは妙義山中間道のちょうど中間点になる。

5 岩のひさしの下をくぐるように進む。そのあと鉄の階段で高度を落とし、トラバースする道に入る。

妙義山MAP

DATA

アクセス

【行き】
上信電鉄下仁田駅
↓約25分　4500円
中之岳駐車場

【帰り】
妙義ふれあいプラザ
｜富岡市乗合タクシー
↓約41分　700円
上信電鉄上州富岡駅

上信ハイヤー
（下仁田営業所、タクシーの問合せ先）
☎0274-82-2429
上信ハイヤー
（富岡営業所、富岡市乗合タクシーの問合せ先）
☎0274-62-2621

7
のんびりとした穏やかなハイキングコースを行く。途中第二見晴、第一見晴はぜひ寄っておこう。

関東周辺の山 18

赤城山《あかぎさん》

百名山・赤城山を満喫する日帰り周遊コース

ビジターセンターバス停～駒ヶ岳～黒檜山～八丁峠～地蔵岳～新坂平バス停

【 日帰り 】

6時間15分

技術度

体力度

県道から大沼越しに仰ぐ黒檜山と駒ヶ岳。手軽に登れる上に展望を楽しめるのが魅力だ。

黒檜山山頂の眺めはあまりよくないが、北側の展望台の眺めはすばらしい。遠景に谷川連峰と武尊山が見える。

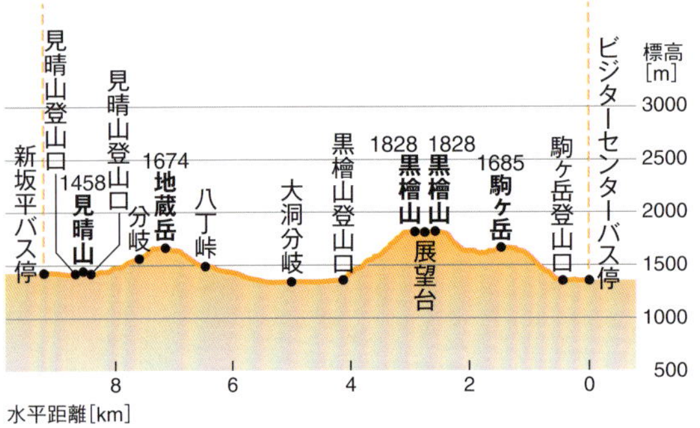

COURSE TIME

赤城山ビジターセンターバス停（5分）駒ヶ岳登山口（1時間10分）駒ヶ岳（55分）駒ヶ岳分岐（5分）黒檜山（5分）展望台（5分）黒檜山（5分）駒ヶ岳分岐（1時間10分）黒檜山登山口（20分）大洞分岐（40分）八丁峠（30分）地蔵岳（15分）分岐（30分）見晴山登山口（見晴山往復10分）（10分）新坂平バス停

群馬県の中央に位置し、山上に火口湖をもつ赤城山《あかぎさん》。榛名山《はるなさん》、妙義山《みょうぎさん》と並び、上毛《じょうもう》三山のひとつに数えられ、日本百名山でもある。

赤城山とは火口湖を囲む複数の山の総称であり、最高峰は外輪山の黒《くろ》檜山《びやま》で、そのほか駒《こま》ヶ岳《たけ》や地蔵岳《じぞうだけ》、長七郎山《ちょうしちろうさん》、鈴《すず》ヶ岳《たけ》などがある。ひとつのピークを踏むことよりも、いろいろなコースを歩き回るのがこの山の魅力となる。ここでは駒ヶ岳と黒檜山を歩き、地蔵岳をめぐるコースを紹介している。

標高約1360mの大《お》沼《の》周辺まで車道が入っているため、各山頂までの標高差も少なく、登山道もよく整備されていて初心者向けの山である。手軽に登れるわりに、黒檜山展望台や地蔵岳の展望がすばらしいのは、この山が広くゆるやかな裾野をもつからだろう。黒檜山展望台からであれば谷川《たにがわ》連峰や尾瀬《おぜ》の山、地蔵岳はさらに関東平野の展望も楽しめる。例年6月上旬から中旬が見頃のツツジ、10月上旬から中旬の紅葉は見ごたえがある。

赤城山の絶景

かつてはロープウェーの展望台 黒檜山を眺める絶景ポイント

1998年まで営業していた赤城山ロープウェイがあったのがこの地蔵岳。黒檜山や大沼だけでなく、谷川連峰から尾瀬の山も見渡せる。

A p.120

下山後のお楽しみ 10万株ともいわれるレンゲツツジ

白樺牧場周辺には約10万株ともいわれるレンゲツツジが群生し、山を朱色に染めている。例年6月上旬〜中旬が見頃となる。

B p.121

駒ヶ岳の山頂は南東の展望がよく、眼下に関東平野を見渡すことができる。

時間があればぜひ立ち寄りたい覚満淵。ツツジが多く、紅葉の季節も楽しめる。1周約30分。

PLANNING

県道に面した登山口から樹林帯に入り、ひと登りで最初の鉄階段がある。鉄階段を3度登ると展望のよい稜線に出て、駒ヶ岳へと向かう。途中は長七郎山や小沼《この》、関東平野の眺めがよい。

駒ヶ岳から下りとなり、黒檜山の眺めのよい大ダルミから木製の急な階段で登り返す。花見ヶ原への分岐を過ぎると樹林が開け、御黒檜大神を祀る石祠に出る。このすぐ先で大沼への分岐を見送り、広々とした黒檜山山頂に着く。さらに先に展望台があるので、ぜひ往復しよう。

大沼への分岐に戻り、下山する。やや急な道で雨の後は滑りやすいので注意しよう。大沼の展望がよい猫岩まで下れば黒檜山登山口は近い。

県道を歩き、赤城大洞《たいどう》のバス停から八丁峠へ向かう。八丁峠からは木製の階段が続き、大沼と黒檜山の展望台、電波塔の建つ地蔵岳に出る。

下りは見晴山登山口へ出て見晴山を往復、白樺牧場の脇を歩いて赤城山総合観光案内所に出ると、県道沿いに新坂平《しんさかだいら》のバス停がある。

ADVICE

路線バスはあかぎ広場まで行ってから終点のビジターセンターに折り返す。途中の覚満淵《かくまんぶち》入口バス停で下車した方が駒ヶ岳登山口が近い。時間に余裕があれば覚満淵や小沼もおすすめ。

赤城山MAP

県道をはさんで向かいにある駒ヶ岳駐車場。ビジターセンターからは約5分の道のりだ。

3度ほど出てくる急な鉄の階段。最後の3度目を登り切ると、展望が開ける稜線に出る。

駒ヶ岳は南東側の展望が開けるが、せまいのであまり長居はできない。ここから一度下って大ダルミへ。

黒檜山の展望のよい大ダルミ。笹原が広がるビューポイントだ。ここから急な木の階段が続く。

かすかに展望のある黒檜山山頂。この先に見晴らしのよい展望ポイントがある。

6

黒檜山からの下り、猫岩と呼ばれるところからは大沼と地蔵岳の展望がよい。あとひと歩きで県道だ。

7

八丁峠から地蔵岳までは木の階段の道が続く。登山道にはツツジが多く、花期は見ごたえがある。

8

見晴山登山口。この向かいに見晴山への入口がある。見晴山は往復10分ほど。途中あずまやもある。

DATA

アクセス

【行き】

JR両毛線前橋駅

↓関越交通バス　約33分　600円

富士見温泉バス停

↓関越交通バス　約45分　1200円

赤城山ビジターセンターバス停

【帰り】

新坂平バス停

↓関越交通バス　約40分　1200円

富士見温泉バス停

↓関越交通バス　約33分　600円

JR両毛線前橋駅

関越交通バス前橋営業所☎027-210-5566

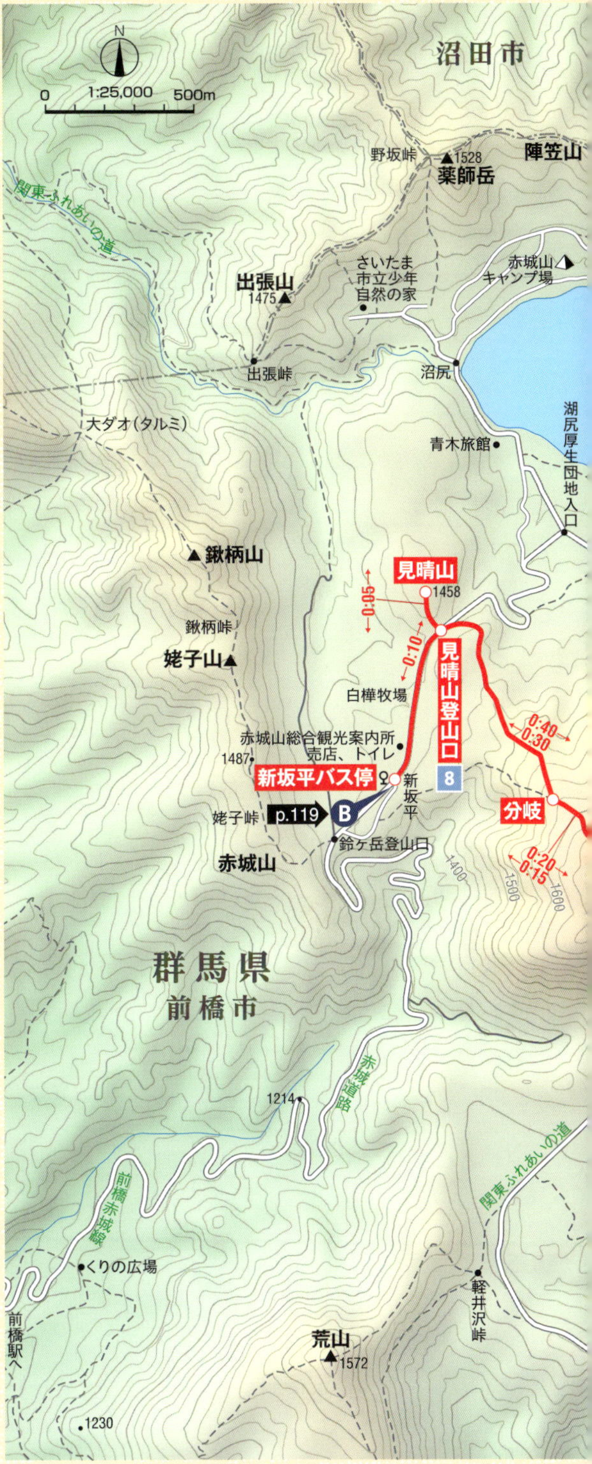

関東周辺の山

19

筑波山《つくばさん》

万葉集にも詠われた関東平野に浮かぶ秀峰

筑波山神社入口バス停～男体山～女体山～弁慶茶屋跡～筑波山神社入口バス停

【　日帰り　】

4時間25分

技術度

体力度

沼田の早苗田から仰ぐ新緑の筑波山。左が男体山で右が女体山。2つの頂をもつ美しい双耳峰だ。

女体山山頂は切れ落ちた岩場となっており、見下ろした関東平野の開放感あふれる景観がすばらしい。

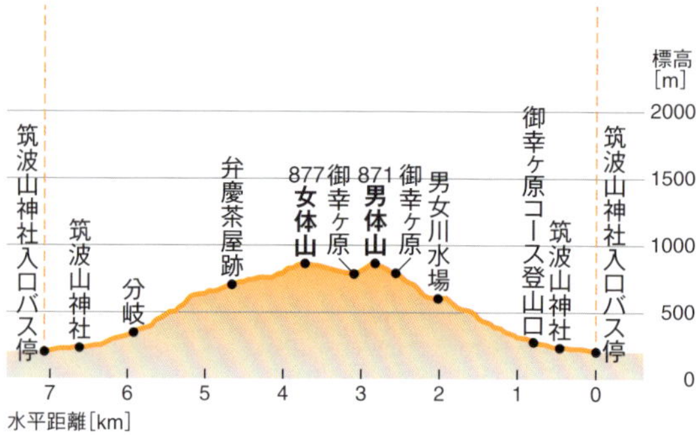

COURSE TIME

筑波山神社入口バス停（10分）筑波山神社（5分）御幸ヶ原コース登山口（1時間10分）男女川水場（30分）御幸ヶ原（10分）男体山（5分）御幸ヶ原（20分）女体山（40分）弁慶茶屋跡（50分）分岐（15分）筑波山神社（10分）筑波山神社入口バス停

関東地方の東、茨城県にそびえる筑波山《つくばさん》。広く平らな関東平野にすっくと立つ山容は美しく、富士山にと並び称されて「西の富士、東の筑波」ともいわれる。確かに東京からでも見晴らしのよい場所であれば東に目立って望める三角錐の山で、古くから歌に詠まれ、絵に描かれてきたのも納得する。

日本百名山のひとつであるが、その中でも最も標高が低く、また観光地化されていることから登山の対象としては価値が低くみられがちだが、いざ歩いてみるとなかなか歩き甲斐のある山だ。山頂の展望もさることながら、上部のブナ林や御《み》幸《ゆき》ヶ原《はら》の推定樹齢800年の紫峰杉《しほうすぎ》、春のカタクリやツツジなど見どころも多い。

冬は晴れやすい関東平野にあって標高が低く、雪が積もらないためにほぼ一年中歩くことができるのがこの山の魅力でもある。新緑や紅葉の季節が最も快適に登れるが、山頂から の展望を楽しみたい場合は、富士山がくっきり見える冬がおすすめだ。

筑波山の絶景

西の富士と東の筑波 関東平野をはさんで富士を遠望

男体山、女体山どちらとも富士山を遠望できる。やや近いぶん男体山がおすすめ。空気の澄む晩秋から冬の間がよく見える。

A p.127

夜景の絶景スポット 帰りはロープウェイ利用も可能

女体山はスカイツリーや東京タワーも見える、関東平野の夜景スポットとしても有名。帰りにロープウェイを利用すれば安心して下山できる。

B p.126

母の胎内めぐり、高天ヶ原などの奇岩をめぐりながら下山する。弁慶七戻りでは岩のトンネルを通過する。

ツツジが咲く時期は弁慶茶屋跡の分岐からつつじヶ丘に下るのもおすすめ。例年の見頃は5月上旬～中旬。

PLANNING

筑波山神社入口バス停で下車、鳥居をくぐって筑波山神社へ向かう。ケーブルカー宮脇《みやわき》駅手前から御幸ヶ原コースの登山道へ入っていく。

線路に沿うように登り、ケーブルカーのすれ違いが見られる中間点の中の茶屋跡を過ぎる。男女川《みなのがわ》の水場を過ぎると道は一旦ゆるやかになり、最後は急登で御幸ヶ原に出る。まずは男体《なんたい》山《さん》を往復してこよう。御幸ヶ原から茶店の前を通って女体山《にょたいさん》へ向かう。かたくりの里、せきれい茶屋を過ぎる。この付近はブナも美しい。ガマ石の先でロープウェイからの道と合流し、女体山御本殿の脇を通って山頂に出る。

下山は天《あめ》の浮橋《うきはし》から北側を回る。しばらくブナ林を歩き、さまざまな名前が付けられた奇岩を見ながら歩く。弁慶七戻《べんけいななもど》りの巨岩をくぐれば弁慶茶屋跡の分岐だ。白雲橋《しらくもばし》コースをとり、石が積み重ねられた白蛇弁天《はくじゃべんてん》を通ると迎場《むかえば》コースとの分岐に出る。ゆるい下り道を歩き、鳥居をくぐって少し行くと筑波山神社に戻る。

ADVICE

男体山周回コースの筑波山自然研究路は崩落のため一部通行止めだが、男体山御本殿直下から迂回路を通れば通行可能。山頂部のカタクリは４月中旬が見頃。

1 筑波山神社入口バス停の大きな赤い鳥居をくぐり、徒歩約10分で神社に着く。奥には女体山が見える。

2 御幸ヶ原コース途中の男女川の水場は細いのであてにできない。ベンチがあるので休憩にちょうどよい。

3 男体山と女体山の鞍部になる御幸ヶ原。天気がよければ北側に奥日光の男体山を望むことができる。

4 御幸ヶ原から男体山はひと登りだが、途中急な岩場もある。次第に展望が開け、男体山御本殿に出る。

5 三角点のある女体山と御本殿。山頂はさほど広くないので、休日には登山者でいっぱいになる。

女体山からの下り、奇岩が出てくるあたりまでは平らで気持ちのよいブナ林の道を歩く。

つつじヶ丘への道を分ける弁慶茶屋跡の分岐。ここからは白雲橋コースの樹林帯を下っていく。

石が積み上げられた白蛇弁天を過ぎると迎場コースとの分岐に出る。神社まではゆるやかな道で下る。

DATA

アクセス

【往復1】

つくばエクスプレスつくば駅
↓関東鉄道バス　約36分　720円
筑波山神社入口バス停

【往復2】

JR常磐線土浦駅
↓関東鉄道バス　約28分　530円
つくばセンター
↓関東鉄道バス　約55分　720円
筑波山神社入口バス停

関東鉄道バスつくば北営業所
☎029-866-0510

写真・取材・執筆

西田省三（にしだ・しょうぞう）

1978年、千葉県生まれ。山岳写真家。美しい山岳風景を追い求め、国内外問わず精力的に撮影し、山岳誌や写真誌などに作品を多数発表。南アルプス全域、北アルプス双六岳・雲ノ平、谷川岳を作品撮影の中心に、日本各地の百名山および名山の撮影を続ける。それぞれの山の個性や特徴を写し出すことを得意とする。おもな著書に『ブルーガイド山旅ルートガイド　北アルプス南部―槍・穂高連峰―』『厳選　雪山登山ルートガイド集』『日本の山　究極の絶景ガイド』（山と溪谷社）、共著に『関東　日帰りの山ベスト100』（実業之日本社）『ヤマケイアルペンガイド14　谷川岳・越後・上信越の山』（山と溪谷社）などがある。

編集　池田菜津美
装丁・本文デザイン　松倉　浩、鈴木友佳
地図製作　㈱千秋社

ブルーガイド　山旅ルートガイド

関《かん》東《とう》周《しゅう》辺《へん》の山《やま》

2015年9月30日　初版第1刷発行

著　者　西田省三
発行者　増田義和
発行所　実業之日本社
〒104-8233 東京都中央区京橋3-7-5 京橋スクエア
☎03-3535-2393（編集）
☎03-3535-4441（販売）
http://www.j-n.co.jp/
印刷所　大日本印刷㈱
製本所　㈱ブックアート
ＤＴＰ　㈱千秋社

ISBN978-4-408-00168-5